Königs Abi-Trainer

Magret Möckel

Thematischer Schwerpunkt: Soziales Drama

Deutsch-Abitur
Niedersachsen 2009 und 2010

Bange Verlag

Über die Autorin:

Magret Möckel, geboren 1952 in Lindau an der Schlei (Schleswig-Holstein), Studium der Germanistik und Anglistik an der Universität in Hamburg. Seit 1979 Lehrerin für Deutsch und Englisch, erst an einem Gymnasium in Vechta, dann in Friesoythe, seit 2003 an der Graf-Anton-Günther-Schule in Oldenburg. Dort leitet sie als Oberstudienrätin die Fachgruppe Deutsch. Ihr Unterrichtsschwerpunkt liegt auf dem Deutschunterricht in der Oberstufe. Frau Möckel ist verheiratet und hat zwei Kinder.

1. Auflage 2009
ISBN: 978-3-8044-3200-0

Druck und Weiterverarbeitung: Tiskárna Akcent, Vimperk

II. Übungsaufgaben

Vorwort

Adressaten

Dieser Band der Prüfungsvorbereitungen richtet sich in erster Linie an Schülerinnen und Schüler insbesondere im Bundesland Niedersachsen, die in den Jahren 2009 und 2010 das Zentralabitur im Fach Deutsch ablegen. Darüber hinaus kann diese Lernhilfe aber auch grundsätzlich zum Training von Klausuren und Abituraufgaben eingesetzt werden. Sie sind zum selbstständigen Üben und zur systematischen Vorbereitung auf das Abitur und für Klausuren in der Oberstufe gedacht.

Voraussetzungen

Das soziale Drama gehört mit den in diesem Band aufgeführten Schwerpunkttexten zum unabdingbaren Unterrichtsstoff dieser Jahrgänge. Kenntnisse über die Dramentexte *Die Ratten* und *Geschichten aus dem Wiener Wald*, dazugehörige Sachtexte und die literarische und literaturgeschichtliche Einordnung werden als Wissen für die Bewältigung der Abituraufgaben vorausgesetzt. Es muss davon ausgegangen werden, dass alle verbindlich vorgeschriebenen Texte gelesen und im Unterricht behandelt worden sind, dennoch entstehen Unterschiede zwischen den einzelnen Lerngruppen hinsichtlich des zusätzlichen Materials und der Art und Komplexität der Vermittlung. Letztlich muss es den Schülerinnen und Schülern aber möglich sein, durch Wissenstransfer die geforderten Aufgaben im Abitur zu bewältigen.

Schwerpunkt dieses Bandes

Aus diesem Grund enthält dieser Band keine genaue Darlegung der Unterrichtsinhalte, er bietet schwerpunktmäßig keine Sachanalyse der für das Zentralabitur vorgeschriebenen Texte, sondern beschränkt sich im ersten Teil **stichwortartig** auf die **Wiederholung** und **Festigung** der **Grundbegriffe** des im Unterricht erworbenen Wissens. Dieses schließt Literaturkenntnisse, aber auch methodisches Wissen ein.

Im zweiten Teil nun sind Beispiele für **mögliche Abituraufgaben und Hinweise für deren Bewältigung** enthalten. **Musterlösungen für einzelne Aufgaben** sind zur Ergänzung beigefügt. Dabei sind bei den Aufgaben Texte aller Gattungen, fiktionale ebenso wie nicht-fiktionale Texte einbezogen. Die geforderten Antworten zielen auf eine große Bandbreite schriftlicher Formen ab. Hier liegt der Schwerpunkt dieser Lernhilfe.

Gestaltung der Aufgabenbeispiele

Die im Abitur vorgelegten und zu bearbeitenden Texte dürfen nicht den verbindlich vorgeschriebenen Texten entnommen sein, sondern müssen aus unbekannten Texten stammen. Dennoch muss die Auswahl so vorgenommen werden, dass es dem Schüler möglich ist, durch Wissenstransfer die Aufgaben zu bewältigen. Im Fach Deutsch werden allen Schüler/innen im Abitur Alternativvorschläge zur Auswahl vorgelegt, die sich in der Regel auf unterschiedliche Schwerpunktthemen beziehen. In den beiden Aufgaben eines Aufgabenvorschlages soll außerdem ein Semesterübergriff enthalten sein.

Die hier gestalteten Aufgabenbeispiele beschränken sich zu Übungszwecken ausnahmslos auf den Schwerpunkt „Soziales Drama", nehmen also bewusst keine weiteren Schwerpunkte in den Blick. Die Gestaltung und Abfolge entspricht jedoch den zu erwartenden Aufgaben.

Unterscheidung der verschiedenen Anforderungsniveaus

Ein Blick auf die verbindlich vorgeschriebenen zusätzlichen Texte für die Kurse auf erhöhtem Anforderungsniveau zeigt, dass keine entscheidenden Unterschiede in dieser Hinsicht mehr bestehen. Da in beiden Kursformen vierstündiger Unterricht erteilt wird, sind auch die Anforderungen an zusätzliche Texte gesunken. Die Entwicklung der Abituraufgaben seit Einführung des Zentralabiturs folgt dieser Tendenz. Die vorgelegten Texte für die Kurse auf erhöhtem oder normalen Anforderungsniveau weisen keine so gravierenden Unterschiede mehr auf, die Aufgabenstellung beschränkt sich für beide Kursarten auf zwei Aufgaben. Der Erwartungshorizont der letzten Abiturdurchgänge weist allerdings höhere Anforderungen an Komplexität und Fachsprachlichkeit bei den Kursen auf erhöhtem Anforderungsniveau auf.
Aus diesem Grund werden in diesem Band keine Unterscheidungen zwischen Aufgaben für Kurse auf erhöhtem oder normalem Anforderungsniveau gemacht. In einer Übungssituation ist es immer günstig, sich mit der differenzierteren Antwortmöglichkeit auseinanderzusetzen. Unterschiede bei den Antworten entstehen dann im konkreten Fall des Abiturs vor allem auch durch die geringere Zeit für die Bewältigung der Aufgaben.

Gestaltung der Lösungsmöglichkeiten

Die in diesem Band ausgeführten Lösungen für die einzelnen Aufgaben müssen ausdrücklich als Möglichkeiten verstanden werden. Es lässt sich – wie in der Praxis der Durchsicht von Abituraufsätzen immer wieder erkennbar ist – eine Vielzahl von sehr unterschiedlichen Antworten denken, die sich qualitativ nicht unterscheiden. Es ist bei der Vorbereitung des Abiturs dennoch nötig, konkrete Beispiele für die Umsetzung von Überlegungen zur Bewältigung der Aufgaben durchzugehen.

Zielsetzung

Diese Abiturlernhilfen sollen dazu beitragen, den Transfer von Wissen aus dem Unterricht auf neue zu erarbeitende Texte und Aufgaben schnell und sicher zu ermöglichen. Dies bezieht sich auf folgende Bereiche:

- Anwendung von Kompetenzen hinsichtlich der Analyse und Interpretation von epischen, lyrischen und dramatischen Texten, Umgang mit Sachtexten;
- Entwicklung von Sicherheit hinsichtlich der durch die Aufgabenstellung geforderten Leistung (Textsorte, Stil, Merkmale) und der zu erwartenden Gewichtung dieser Aufgabe;
- Training von verschiedenen Formen des Schreibens, der Gestaltung des Schreibprozesses und der Überarbeitung eigener Texte;
- Schärfung des Blickes für mögliche Fehlerquellen bei der Abfassung der Abiturarbeit.

I. Vorausgesetztes Wissen

Schwerpunkttexte

Gerhart Hauptmann, *Die Ratten*
Ödön von Horváth, *Geschichten aus dem Wiener Wald*
Hans Merian, *Lumpe als Helden*
(erhöhtes Anforderungsniveau: Ödön von Horváth, *Gebrauchsanweisung*)

Verbindliche Unterrichtsaspekte:

- Milieu und Sozialcharakter der Dramatis Personae
- Dramenkonzeption: Tragikomödie und Volksstück
- Das soziale Drama als literarisches Modell von Wirklichkeit
  (erhöhtes Anforderungsniveau: Texte als Dokumente zur Zeit- und Sozialkritik)

Teil A: Inhaltliche Unterrichtsaspekte

1. Milieu und Sozialcharakter der Dramatis Personae

1.1 Zu Gerhart Hauptmann, *Die Ratten*

Soziale Schichtung der Personen

von unten nach oben:

1. sozial Deklassierte und Außenseiter der Gesellschaft:
   Verbrecher (Bruno),
   Drogenabhängige, Prostituierte,
   Opfer (Gundofriedchen)
2. untere Schicht der Arbeiter und Dienstmädchen: Piperkarcka
3. Proletariat mit kleinbürgerlichen Tendenzen: Henriette John und Paul John
4. bürgerliche Intelligenz: Familie Hassenreuter und Pastor Spitta mit Sohn
5. gescheiterte Aristokratie: Sidonie Knobbe

Metaphorische Bedeutung des Mietshauses

außerhalb:	Vertreter der Ordnung: Quaquaro/Schutzleute
im Haus:	einfache Leute (Maurerpolier John und Frau John, sozial Deklassierte, Außenseiter und Opfer (Sidonie Knobbe, Selma Knobbe und Grundofriedchen)
Dachgeschoss:	Künstler und Bürger (Alice Rütterbusch – Harro Hassenreuter, Käferstein, Dr. Kegel, Erich Spitta – Walburga Frau Hassenreuter, Pastor Spitta
Bodenkammer:	sozial Deklassierte, Opfer, Außenseiter (Bruno, Piperkarcka)

Sprache der Personen

Genaue Kennzeichnung der Personen jeweils durch ihren
Dialekt (geografische Ausdrucksweise)
Soziolekt (schichtspezifische Ausdrucksweise)
Psycholekt (situationsbedingte Ausdrucksweise)
Idiolekt (individuelle Ausdrucksweise)

Beispiel 1

Bruno: *Ick wer woll immer jejen de janze Welt – noch wat! – wer ick der Potsdammer sind. Soll ick etwa nich jehn, wo ick scheen bei Hulda'n zu leben krieje?* – Er zieht eine schmutzige Brieftasche. – *Nich ma'n dreckigen Pfandschein ha ick mehr in de Plattmullje drin. Wat wiste von mich, un denn lass mir abschrenken.* (S. 10, Z. 19 ff.)[1]

- Dialekt: Wortwahl, z. B. *Potsdammer; j* statt *g*, z. B. *jejen; k* statt *ch*, z. B. *ick; e* satt *ö*, z. B. *scheen; t* statt *s*, z. B. *wat*; Schärfung statt Dehnung, z. B. *woll* statt *wohl*)
- Soziolekt: schichtspezifische Gaunersprache, z. B. *Plattmullje*; grammatische Verstöße, z. B. Verwechslung der Fälle (*mich* statt *mir*), Plural statt Singular (*ick ... sind*), Verkürzungen (*Hulda'n, wiste* statt *willst du*); Weglassen der Endlaute (*nich*)
- Psycholekt: trotzige und drohende Sprachhaltung
- Idiolekt: sehr niedriges Niveau

Beispiel 2

Pauline: *Ick jeh, mit meine letzten Pfennig kaufen mir Vitriol – trefft, wen trefft! – und jießen dem Weibsbild, wo mit ihm jeht – trefft, wen trefft! – mitten in Jesicht! Trefft, wen trefft! Brennt ihm janze verfluchte hübsche Visage kaputt! Mir jleich!* (S. 8, Z. 1 ff.)

- Dialekt: Berliner Dialekt und Pidgin (*j* statt *g*, Verkürzungen, grammatische Verstöße, Inversionen)
- Soziolekt: Arbeiterin, vom Geliebten verlassen, wiederholter Gebrauch von Redewendungen, negativ konnotierten Begriffen (*Visage, Weibsbild*)
- Psycholekt: wütende, durch Eifersucht emotional aufgewühlte Sprachhaltung
- Idiolekt: argumentativ klar

Beispiel 3

Hassenreuter: *Mein Junge, ich habe noch vor kaum einer Stunde die Beine unterm Tisch eines Prinzen gehabt: Post hoc, ergo propter hoc! Ich setze mich Ihretwegen in einen verfluchten Omnibus und kutsche in diese verfluchte Gegend ... wenn Sie meine Gefälligkeit nicht zu schätzen wissen: scheren Sie sich!* (S. 15, Z. 15 ff.)

1 Die Seitenangaben beziehen sich auf die Klett-Ausgabe (Edition mit Materialien, Stuttgart 2007) von Hauptmanns *Die Ratten*.

- Dialekt: fehlt, Hochsprache
- Soziolekt: präsentiert sich sprachlich als der Ältere, Gütige, von höherem Stand
- Psycholekt: aufgebracht, will geachtet und bewundert werden, streicht soziale und altersbedingte Position heraus, fordert Dankbarkeit und Bewunderung
- Idiolekt: Sprache des Gebildeteten, bewusster Einsatz von Latein, um Eindruck zu machen

Themen:

- Rolle der Frau, Mütter und Mütterlichkeit
- Kindesmord, Kindstod, uneheliche Schwangerschaften
- Gesellschaftliche Stellung der Personen, Deklassierte
- Sitte und Moral
- Theater und Wirklichkeit, verschiedene Konzeptionen
- Großstadt als moderner Mythos
- Kunst (literarische Vorlagen, künstlerische Konzeption)[2]

1.2 Zu Ödön von Horváth, *Geschichten aus dem Wiener Wald*

Soziale Schichtung der Personen

- Menschen aus dem Volk (Kleinbürger, unterer Adel, Bürger)
- Marianne als zentrale Figur des Stückes, wird ausgenutzt
- Dominanz der männlichen Figuren
- Spiegelungen und Entsprechungen (Marianne: Ida = mädchenhafte Naivität – Helene = Blindheit – Emma = Mädchen für alles; Oskar: Zauberkönig = Zukunft – Havlitschek = dunkle Seite Oskars)[3]
- Masken der Figuren (z. B. Oskar: Maske = Fleischermeister, Kindernarr, Liebhaber, Fotoamateur, Moralapostel, Kirchgänger, Jiu-Jitsu-Kämpfer, Operettenliebhaber; dahinter verbirgt sich: Sadist, brutaler Mensch, Heuchler, triebgesteuerte Bestie)

Metaphorische Bedeutung der Orte

- scheinbarer Gegensatz von Stadt (Sittenlosigkeit und Verderbnis) und Land (Gesundheit, Natur):
  Draußen in der Wachau: satirische Übertreibung, Verklärung, Naturidyll
  Stille Straße: Dekor veranschaulicht Grundmechanismen der Horváth'schen Fassadendramaturgie (Fassaden stellen aus, statt zu verbergen)
- Wachau als Verlängerung der Stillen Straße
- symmetrischer Aufbau, systematische Koppelung der Handlungsorte (Wachau und Stille Straße)

---

2 Vgl. hierzu: Rüdiger Bernhardt: *Erläuterungen zu Gerhart Hauptmann: Die Ratten*. Königs Erläuterungen und Materialien Band 284. Hollfeld: Bange Verlag, 2007.

3 Siehe Volker Krischel: *Erläuterungen zu Ödön von Horváth: Geschichten aus dem Wiener Wald.* Königs Erläuterungen und Materialien Band 467. Hollfeld: Bange Verlag, 2007, S. 50.

- Verdichtung der Elemente in der jeweils ältesten Person (Großmutter, Zauberkönig)
- Scheinopposition der Personen, beide Personengruppen als sadistisch, korrupt, brutal, vernichtend gezeigt

Sprache der Personen

- Worthülsen, Floskeln, Bildungsjargon, lateinische und französische Sprachfetzen, Austauschbarkeit der Phrasen, Figuren ohne individuelle Charakterzeichnung
- Gebrauch von Fremdwörtern und Fremdsprachen als Imponiergehabe
- Verbergen von Gedanken und Empfindungen, reden aneinander vorbei
- Stille, inhaltliche Leere

Themen

- Faschismustendenzen im Kleinbürgermilieu
- Fassade des Biedermanns zur Vertuschung sadistischer, brutaler und skrupelloser Verhaltensweisen
- Masken und deren sprachliche Konstruktion, Demaskierung des Bewusstseins
- Rolle der Frau, Frauenschicksale, Mütter
- Liebe und Beziehungen, Traum vom Glück
- Kindesmord, uneheliche Schwangerschaften und deren Folgen
- Land (Natur) und Stadt
- Jagd nach dem Geld
- Totentanz
- Kommentierende, enttarnende und verfremdende Funktion der Musik

2. Dramenkonzeption: Tragikomödie und Volksstück

2.1 Dramenformen

Tragödie

- Darstellung eines ungelöst bleibenden tragischen Konfliktes mit der sittlichen Weltordnung, dem Schicksal
- Unterliegen des Helden am Schluss, Ausweglosigkeit, möglicherweise Tod des Helden
- Fragen der Freiheit und Notwendigkeit, Charakter und Schicksal, Schuld und Sühne, Ich und Welt, Gott und Mensch
- Aristoteles: Nachahmung einer in sich geschlossenen Handlung von bestimmter Länge, die durch Jammer und Schrecken die Läuterung solcher Affekte erzielt (Katharsis), Einheit von Ort, Zeit und Raum, Fallhöhe der Personen
- kunstvoll ausgestaltete Sprache
- Unterscheidung von analytischem Drama (Auslöser der Dramenhandlung werden erst nach und nach klar, z. B. Ibsens *Nora*) und Zieldrama (Handlung verläuft linear auf ein Ziel zu)

Komödie, Tragikomödie

- Unterordnung der Figuren unter die Begebenheiten, Figuren als Spielbälle der Verhältnisse, entwickeln sich nicht
- Determinismus, Vorbestimmtheit
- Offene Dramenform: mehrere Handlungsstränge
- Nicht notwendigerweise an das Lachen, den positiven Ausgang gebunden
- Tragikomödie: heitere und tragische Elemente

Komödie im Naturalismus

- ungeschminkter Naturalismus
- Ziele: Kritik an Heuchelei, Arroganz, sozialer Ungerechtigkeit; Entwicklung von Überlebensstrategien
- Mittel: Verzerrung durch Übertreibung, Entlarvung durch Sprache, Verwendung des Dialekts
- Umkehr von Werten: Schläue, Einfallsreichtum statt Ehrlichkeit und Verlässlichkeit
- Beispiele: Hauptmann: *Der Biberpelz*, Anzengruber: *Die Kreuzelschreiber*, Thoma: *Moral*[4]; Tragikomödie: Hauptmann: *Die Ratten*

---

4 Vgl. Dr. Klaus Gladiator: *Das schiefe Verhältnis des Komödienhelden zur Realität.* Stark Unterrichtsmaterialien, 9.1.1/29. Grundwerk der Loseblattsammlung 629. Freising: Stark Verlag, 1999.

Bürgerliches Trauerspiel

- Drama, dessen Tragik sich in einer betont bürgerlichen Welt entfaltet, Bürgerliche im Zentrum des Geschehens, Scheitern des Anspruchs der Bürgerlichen auf Selbstverwirklichung, häufig weibliche Protagonisten als Opfer, Scheitern im Spannungsfeld zwischen gesellschaftlichen Konventionen bzw. Anforderungen und eigenen Ansprüchen
- Drei Stufen:
  1. Bürgerliche im Kampf gegen Unterdrückung durch den Adel, aufkommendes Selbstbewusstsein der Bürgerlichen, moralische Überlegenheit gegenüber dem Adel, Abhängigkeit der Bürgerlichen vom Adel (z. B. Wagner: *Die Kindermörderin,* Schiller: *Kabale und Liebe*) – Sturm und Drang
  2. Konflikte innerhalb des Standes der Bürgerlichen, Veränderungen der Normen innerhalb des Bürgertums, Problem des starren Festhaltens an überkommenen Normen, Balance zwischen gesellschaftlichem Anspruch und Selbstverwirklichung (z. B. Hebbel: *Maria Magdalena*) – poetischer Realismus
  3. Zusammenstoß des aufkommenden Arbeiterstandes mit den Bürgerlichen, Enthüllung der Brüchigkeit der Welt der Bürgerlichen, Proletarier und Arbeiter rücken ins Zentrum der Betrachtung, Determiniertheit (z. B. Hauptmann: *Rose Bernd, Vor Sonnenaufgang*) – Naturalismus
- Standesgegensätze stehen im Vordergrund
- gegen normative Poetik

Soziales Drama

- keine eindeutige Abgrenzung zum bürgerlichen Trauerspiel bzw. zum kritischen Volkstück
- tritt Ende des 19.Jahrhunderts an die Stelle des bürgerlichen Trauerspiels
- nimmt soziale Fragen auf, ökonomische Misere des vierten Standes, Streben nach Selbstverwirklichung und Emanzipation, insbesondere der Frauen
- Familiendrama, häufig Vater-Tochter-Konflikt
- Sprachohnmacht der Personen
- meist offene Form des Dramas, zunehmend epische Formen, innovative Sprachgestaltung, Verstoß gegen klassizistische Regelpoetik

Volksstück

- aus dem Volksleben entnommene Handlung, zeigt einfache Leute als Protagonisten
- schlichte, leicht verständliche Sprache und Form
- für städtisches Publikum, Volkstheater und Vorstadtbühnen (im Gegensatz zum Bauerntheater)
- aufgeklärtes, kritisches Volksstück (Marieluise Fleißer: *Pioniere in Ingolstadt*, Ö. v. Horváth: *Kasimir und Karoline*, F. X. Kroetz: *Stallerhof*): Aufzeigen der Lebensbedingungen des Volkes, Sprachlosigkeit, Enge, Unfähigkeit zur Kommunikation und Lösung von Konflikten, Milieu; Verwendung von Dialekt und Soziolekt, Bildungsjargon

2.2 Geschlossene und offene Form des Dramas

Geschlossene Form	Offene Form
Einheit von Ort, Zeit und Handlung (lineare Handlungsführung, Unaustauschbarkeit der Szenen)	atektonischer Aufbau (unvermittelter Beginn, offener Schluss, Einzelszenen)
eine Haupthandlung	Nebenhandlungen
geringe Anzahl der Personen	Vielzahl der Personen
Kunstsprache, hoher Stil, Mitteilungsfunktion der Sprache	realistische Sprache, Expressionsfunktion der Sprache
zielstrebige, die Handlung vorantreibende Dialoge	Metaphorik, Verstummen

Gegenüberstellung klassisches und soziales Drama:

Das klassische Drama	Das soziale Drama[5]
klammert die gesellschaftliche Realität aus	macht die gesellschaftliche Realität zum beherrschenden Thema des Dramas
Freiheit des Willens	Determinismus, Abhängigkeit der Protagonisten
geschichtsphilosophische Entwürfe	Geschichtsfatalismus
humanistisch- idealistische Perspektive	materialistisch-pessimistische Perspektive
geschlossene Form des Dramas	offene Dramenform

Modernes Drama

- Drama des 20. Jahrhunderts:
  - episches Drama (Brecht)
  - absurdes Theater
  - Dokumentartheater
- Verfremdungseffekte, Einbeziehen des rational denkenden, aktiven Zuschauers, Anti-Helden, Rückgriff auf dokumentarisches Material, Collagetechnik

5 Vgl. Frank Becker: *Deutsch – Literaturgeschichte, Epochen. AbiWissen kompakt.* Stuttgart: Klett, 2003, S. 64.

3. Das soziale Drama als literarisches Modell von Wirklichkeit

(erhöhtes Anforderungsniveau: Texte als Dokumente zur Zeit- und Sozialkritik)

3.1 Naturalismus als Gegenbewegung zum Realismus

poetischer Realismus	Naturalismus
poetische Verklärung der Realität	Wiedergabe der tatsächlichen Verhältnisse: Arbeiter, 4. Stand, Szenen aus der Arbeitswelt, Kneipen, Mietskasernen, Hinterhöfe
	Menschenbild: Mensch als ein Stück Natur, folgt den Regeln strenger Kausalität, ist bedingt durch Milieu, Zeit und Erbmasse (psychische, soziale und biologische Faktoren)
	Helden: keine tragenden, herausragenden Helden, sondern Vertreter sozialer Schichten
	Methoden: Einbeziehung wissenschaftlicher Theorien und Erkenntnisse (Darwinismus, Mendel'sche Regeln, Genetik), Einbeziehung der Tiefenpsychologie Freuds, Adaption der empirischen Methode, Arbeit im Kollektiv
Ablehnung der Darstellung des Hässlichen	**Thema:** Das Hässliche rückt in den Blickpunkt (Elend, Armut, Krankheit). Darstellung bestehender Verhältnisse ohne Tabus
	Mittel: Sekundenstil, detaillierte und präzise Nachbildung der Figuren, ihrer Lebensumstände und ihres Sprachverhaltens auf der Grundlage genauer Beobachtung (Dialekt, Satzfetzen, Redensarten, Füllsel, Sprachfehler, Stammeln, Pausen, fehlerhafte Syntax)

neutraler Standpunkt, Verzicht auf Parteinahme; keine idealistischen Deutungen oder soziale Wertungen	**Ziel:** Provokation des Publikums, Stellungnahme und Kritik Auseinandersetzung mit politische und sozialen Fragen, Verelendung von Menschen als Resultat politischer und wirtschaftlicher Bedingungen, Nachbildung der Kausalgesetze im Kunstwerk

Fazit:
Die Naturalisten verstanden sich als die Vertreter „einer **Wahrheitskunst**", die die „volle Lebenswahrheit an den Tag bringen soll. Leben verstanden als unreduzierte, nicht durch Tabus teilweise verdeckte **äußere wie innere Realität**, als soziale und ökonomische Situierung wie als moralische Verfassung – Wahrheit der Umweltschilderung und ‚psychologische Wahrheit'."[6]

Gegen:

- Literatur als ‚Damenbeschäftigung'
- Literatur als nur ästhetisches Gebilde
- Darstellung des schönen Scheins, der Lüge

Für:

- Einbeziehung und Darstellung realer Probleme der bürgerlichen Gesellschaft
  a) soziale Frage (Proletariat)
  b) Frauenfrage (Emanzipation), damit verknüpft: Behandlung der Sexualität, Erziehungsfragen, Religion
- Erforschung, Aufdeckung und Veröffentlichung der Wahrheit

Kunstbegriff: Kunst = Natur – X

Aufgabe der Kunst: Möglichst detailgenaue, nicht durch Tabus verdeckte, schonungslose Aufdeckung der Realität, Nachahmung der Natur (Mimesis), experimenteller Umgang mit Gestaltungsmitteln

3.2 Zeitgeschichtlicher Hintergrund zu Horváth

Literatur in der Weimarer Republik

- Österreich wird Republik, Verlust der Doppelmonarchie, Zerfall des Vielvölkerstaates, Verlust von politischer Stellung, Verlust von Sicherheit
- Weltwirtschaftskrise
- Austrofaschismus, nationalsozialistische Einflüsse und Tendenzen
- Volksstücke in der Nachfolge Nestroys, Kleinbürger im Mittelpunkt der Dramen

6 Wolfgang Rothe (Hrsg.): *Einakter des Naturalismus.* Stuttgart: Reclam, 1985, S. 17.

Zielsetzung Horváths:

- Erneuerung des Volksstücks: Entlarvung des Kleinbürgers, Demaskierung der hinter der Fassade/Maske des Biedermanns sich versteckenden Sadisten und brutalen Menschen, Skrupellosigkeit der Menschen, rassistisches Gedankengut, Überheblichkeit und Stolz
- Darstellung der Unfähigkeit der Menschen, aus ihren Fehlern zu lernen
- Darstellung der Unterdrückungsmechanismen, Frauen als Opfer
- Sprachlosigkeit der Personen, Verbergen hinter Floskeln und Worthülsen, Demaskierung des Bildungsjargons

Teil B: Methodisches Wissen

Das zum Abitur vorausgesetzte methodische Wissen bezieht sich auf

a) Fähigkeiten zur Untersuchung, Erörterung und Erschließung von literarischen und nicht-literarischen Texten
b) Kenntnisse über elementare Merkmale der verbindlich vorgegebenen Schwerpunkttexte
c) Kenntnis der Fachterminologie
d) Kenntnis der Arbeitsanweisungen/Operatoren und ihrer Paraphrasen
e) Kenntnis der geforderten Aufgabenarten: Analyse, Interpretation, Erörterung, gestaltendes Erschließen von Texten

1. Operatoren für das Fach Deutsch

Übergeordnete Operatoren	analysieren, interpretieren erörtern gestalten
Operatoren für den Anforderungsbereich I (Reproduktion)	(be)nennen, beschreiben, wiedergeben, zusammenfassen, darstellen
Operatoren für den Anforderungsbereich II (Reorganisation und Transfer)	erschließen, erklären, erläutern, in Beziehung setzen, vergleichen, einordnen
Operatoren für den Anforderungsbereich III (Reflexion und Problemlösung)	begründen, (über)prüfen, (kritisch) Stellung nehmen, sich auseinandersetzen mit, beurteilen, bewerten, entwerfen

2. Stichworte zur Textanalyse

Dramenanalyse

- Angabe zu Titel, Autor, Inhalt in einem Satz
- Epochenzuordnung, Art des Dramas
- bei Szenenanalysen: Einordnung der Szene in den Kontext
- Inhalt und Thema der Szene
- Figuren und Figurenkonstellationen genau beschreiben (Charakterisierungen, Motive, Absicht; Textbelege, Zitate einbauen)
- Sprache der Charaktere und deren Funktion (Wortwahl, Stilfiguren, Satzbau, sozialer Status ausgeprägt durch Sprache)

- Redeanteile, Ausgewogenheit der Kommunikation
- dramatische Gestaltung (Verfremdung, Kontraste etc.)
- Bedeutung der Szene für das Gesamtdrama
- kurze wertende Stellungnahme in sachlichem Stil

Gedichtanalyse

- einleitender Satz zu Titel, Autor, Thema/Motiv, Textsorte
- Inhalt
- Struktur des Gedichtes, Aufteilung in Strophen, Zeilen, Rahmen etc.
- Metrik, Reim, Versfuß, Versmaß
- sprachlich-stilistische Gestaltung (rhetorische Mittel, Bildgebrauch, Satzbau, Wortwahl, Wortfelder, Interpunktion etc.) und deren inhaltliche Funktion
- besonders hervorgehobene Textteile (z. B. durch Inversion, Zeilenanfang oder -ende, Einzelstellung, Wiederholung, Kontrastierung, Anapher, Hyperbel etc.) und deren Bedeutung für die Gedichtaussage
- Epochenzuordnung und Auswertung für die Gedichtaussage
- abschließende Betrachtung zum Thema, evtl. Bezug zur Gegenwart

Analyse epischer Texte

- Titel, Textsorte, Autor, Erscheinungszeitpunkt, Thema
- Inhalt
- Erzähler (Erzählhaltung, Perspektive, Standort, Erzählverhalten)
- Erzählerrede, Figurenrede, Bewusstseinsstrom etc.
- Struktur des Textes (Gliederung, Haupt- und Nebenhandlung, Chronologie)
- Rückblicke, Vorausdeutungen
- Textverklammerung
- Leitmotive und Dingsymbole
- Darstellung der Figuren (Konzeption, Charakterisierung, Konstellation zueinander)
- Stilmittel und ihre inhaltliche Funktion
- Satzgestaltung
- Gestaltung von Anfang und Ende des Textes
- Raum und Raumgestaltung

Analyse von Sachtexten

- Autor, Titel, Erscheinungsjahr, Kontext
- Art und Funktion des Sachtextes
- Adressat
- Wirkungsabsicht
- Einsatz von sprachlich/stilistischen Mitteln zum Erreichen einer bestimmten Wirkung
- Stil/Ton
- Struktur
- Inhalt (Thema, Argumentationsgang, Fazit)

Gestaltendes Erschließen von Texten

- grundsätzlich zwei Teile:
  a) kreativer, durch gestaltendes Erschließen entwickelter Text (z. B. Füllen einer Leerstelle, Wechsel der Perspektive, Wechsel der Textsorte oder -gattung etc) und
  b) Kommentar zum eigenen Text, Erläuterung desselben (Wahl der Perspektive, Stilmittel, Wortwahl, Bezug zur Vorlage, Gestaltungsintention)
- Grundlage: genaue Analyse des Ausgangstextes
- den der Aufgabenstellung entsprechenden Adressaten im Blick behalten

3. Textsortenwissen

Textsorten:

fiktionale – nicht fiktionale, literarische – pragmatische Texte
appellative, darstellende, ausdrückende Texte

Erörterung

> „Gedankliche Auseinandersetzung mit Problemen und Streitfragen; Darlegen des Für und Wider, um den Leser durch Argumente zu überzeugen. Die Darstellung ist möglichst objektiv, klar gegliedert, mit einer Ordnung der Argumente nach ihrem Gewicht und unter Einbeziehung von Erfahrungsbeispielen. Ein abschließendes Urteil wird angestrebt, wegen der Fülle der möglichen Argumente aber nicht immer erreicht."[7]

Textaufbau:

a) linear (fortlaufend entwickelte Argumentation)	Sprachliche Mittel dafür: *Weiterhin, erstens, zweitens, drittens …, außerdem, darüber hinaus, auch* etc.)
b) dialektisch (Position und Gegenposition)	Sprachliche Mittel dafür: *andererseits, sicherlich kann angenommen werden, dass …, dennoch …, trotz aller Überzeugungskraft dieser Argumente muss gesagt werden …, wenn einerseits …, muss aber auch andererseits …*
c) fortlaufend antithetisch (Argumente dafür werden jeweils mit einem Gegenargument verknüpft)	Fazit sprachlich erkennbar machen: *Daraus ergibt sich, im Endergebnis, mein Resümee lautet also, folglich*

7 Wilfried Klute: *Warum eine Abhandlung keine Story ist. Gebrauchsformen der Sprache – Sprachbetrachtung.* Deutsch. Unterrichts-Materialien für Lehrkräfte. Sekundarstufe II. Grundwerk der Loseblattsammlung 629. Freising: Stark, 1999, 10.2.8, S. 20 f.

Kommentar

Darstellung eines Sachverhaltes und kritische Stellungnahme dazu; eigene Meinung (häufig zu finden in der Presse, im Rundfunk und Fernsehen zu aktuellen Ereignissen)

Interpretation

Interpretationshypothese, genaue Analyse sinntragender Elemente des Textes (literarisch oder pragmatisch), Bestimmung ihrer Bezogenheit aufeinander und ihrer Wechselwirkung, inhaltliche Funktion formaler Merkmale, Gesamtdeutung des Textes, Verifizierung der Interpretationshypothese, Themenbestimmung
Zu berücksichtigende Elemente: Struktur, formale Mittel der Textgestaltung, stilistische Mittel, Wortwahl, Satzgestaltung, Charakterisierung, Gestaltung von Ort, Zeit, Raum, gattungs- und textsortenspezifische Elemente, Leitmotive, Bildgebrauch etc.
Verschiedene Interpretationsmethoden: textimmanent, -extern (biographisch, epochenzugehörig etc.), aspektorientiert, linear

Inhaltsangabe

- keine Zitate
- im Präsens
- Themenangabe am Anfang
- sachlich, zusammenfassend, eigene Wortwahl
- keine Details
- keine eigene Meinung

Textvergleich

- Suche nach Gemeinsamkeiten, nach inhaltlichen und formalen Parallelen zwischen zwei Texten
- Textvergleich schließt auch Kontrastierung und Gegenüberstellung ein
- zu vergleichende Texte können verschiedenen Gattungen und Textsorten angehören, können unterschiedlich lang oder als bekannt vorausgesetzt sein

Gestaltungsaufgabe

- gestaltende, kreative Form der Texterschließung (vgl. Interpretation)
- Erstellung eines Primärtextes (Kontext, Kommunikationssituation bzw. Textsorte werden vorgegeben) und eines Erläuterungstextes dazu
- notwendige Voraussetzung: Aufnahme der Textsignale, genaue Analyse
- verschiedene Typen der Gestaltungsaufgabe denkbar: Perspektivenwechsel, Tagebucheintrag, Füllen von Leerstellen, Fortführung eines Textes, alternative Schlussfassung, Rezension, Rede etc.

4. Tipps für das Verfassen von Texten

- **Operatoren genau beachten**. Sie führen zu einer bestimmten geforderten Textsorte, die unbedingt umgesetzt werden muss. Außerdem sind sie den drei Anforderungsbereichen zugeordnet. Dies wiederum lässt Rückschlüsse auf die Gewichtung der Aufgabe zu (Schwerpunkt liegt auf Anforderungsbereich II, Reorganisation und Transfer).
- **Den Text gründlich bearbeiten**. Eine genauer Textanalyse, Markierungen im Text, Randbemerkungen und Unterstreichungen sind eine unerlässliche Vorarbeit.
- **Schriftsprache und gesprochene Sprache unterscheiden**. In einer schriftlichen Abiturarbeit haben Wörter wie „total“, „egal“, „normal“, Redensarten und Floskeln nichts zu suchen.
- **Zitiertechnik beachten**. Textbelege müssen möglichst flüssig in den Text integriert werden, die genaue Seiten- und Zeilenangabe folgt in Klammern. Niemals eine Aneinanderreihung von Zitaten anstelle eines eigenen Textes setzen (z. B. in der Zusammenfassung). Das Wort „Zitat“ taucht niemals im Text auf, schon gar nicht mit anschließendem Doppelpunkt.
- **Persönliche Bewertungen und Urteile unterlassen.** Nur in wenigen Aufgabentypen ist das persönliche Urteil gefordert (Rezension). Aussagen wie „ich finde“ oder „ich denke“ sollten generell unterbleiben.
- **Keine Fragen/rhetorischen Fragen stellen.** Nur in einer Rede (appellativer Text) z. B. in einer gestaltenden Aufgabe wäre dies denkbar.
- **Auf Wiederholungen und Überschneidungen achten.** Eine gründliche Vorbereitung des eigenen Textes in Form einer Gliederung/Mindmap/Stichwortliste ist wichtiger Bestandteil des Schreibprozesses.
- **Niemals den Autor mit dem Erzähler/lyrischen Ich verwechseln**. Selbst wenn die Übereinstimmung noch so plausibel scheint, muss streng zwischen dem (vom Autor) eingesetzten Erzähler oder „Ich“ und dem Autor selbst getrennt werden. Vorsicht mit Vermutungen über die Intention des Autors, lieber über den Text und dessen Intention sprechen. Die punktuelle Verwendung der Passivform ist eine gute Möglichkeit, Problemen aus dem Weg zu gehen.
- **Fachbegriffe verwenden**. Fachtermini dienen der präzisen und knappen Verständigung. Keine Fachbegriffe erläutern.

II. Übungsaufgaben

Teil A: Zur Gestaltung der Aufgabenvorschläge und zur Bewältigung der Aufgaben

In der Regel gibt es **zwei Aufgaben**, die **vorwiegend** den **Anforderungsbereich II** abdecken müssen, aber ebenfalls die Anforderungsbereiche I und III einbeziehen. (Zu den Anforderungsbereichen siehe S. 17 des vorliegenden Bandes.)
Gewichtungen werden im Abitur nicht angegeben, allerdings legen die Operatoren eine bestimmte Wichtigkeit der jeweiligen Antwort nahe. So wird beim Operator „Erörtern Sie ..." eine deutlich ausführlichere und gründlichere Auseinandersetzung mit der Frage verlangt als bei der Aufforderung „Nehmen Sie Stellung ...".
Alle **Operatoren** zielen auf eine bestimmte festgelegte Textsorte ab, deren inhaltliche und stilistische Merkmale unbedingt berücksichtigt werden müssen.
Alle **Aufgaben sind textgebunden**, d. h. sie beziehen sich auf einen vorgelegten Text oder Textausschnitt, der entsprechend gründlich untersucht und ausgewertet werden muss. Es können auch mehrere Texte zur Bearbeitung vorgelegt werden.
Der **Textbegriff** kann dabei sehr weit gefasst sein, also neben literarischen Texten aller Gattungen auch nichtfiktionale Texte sowie Zeichnungen, graphische Darstellungen, Statistiken, Comics etc. bis hin zu Filmsequenzen beinhalten.
Es muss in der Regel ein **Transfer** von Wissen aus den im Unterricht bearbeiteten Texten zu dem vorgelegten unbekannten Text hergestellt werden. Die Texte der Aufgabenstellung sind immer neu, d. h. gehörten nicht zu den vorgeschriebenen Schwerpunkttexten.
Jede Abituraufgabe muss darüber hinaus einen klaren **Neuigkeitswert** haben, der nicht nur in der Tatsache liegt, dass der Text nicht im Unterricht behandelt wurde, sondern auch in der Art und Verknüpfung der Aufgabe mit anderen Schwerpunkten und Semestern.
Ein weiterer Gesichtspunkt ist der **Semesterübergriff**[8]. Jeder Aufgabenvorschlag beinhaltet eine Verknüpfung mit einem weiteren Schwerpunktthema und Semester. Dies kann durch die Textsorte, die Epoche, zeitliche Bezüge, methodische Aspekte etc. geschehen. Man ist also gehalten, sein Wissen aus verschiedenen Semestern und in neuem Zusammenhang einzubeziehen.
Gleichzeitig hat jede Prüfung **Ausschnittcharakter**, d. h. es kann nicht alles abgeprüft werden, was man gelernt hat. In diesem Zusammenhang ist es wichtig, sich klarzumachen, welches Wissen im Zusammenhang mit der zu bewältigenden Aufgabe eingesetzt werden muss. Keinesfalls darf man sich der Versuchung hingeben, alles, was man gelernt hat, wahllos einbringen zu wollen. Eine **genaue Auseinandersetzung mit den Fragestellungen** ist eine wesentliche Vorarbeit für eine treffende und den Erwartungen entsprechende Antwort.

8 Um den thematischen Schwerpunkt des sozialen Dramas beizubehalten, werden die Aufgaben in diesem Band weitgehend ohne inhaltlichen Semesterübergriff gestaltet. Man muss sich allerdings darauf einstellen, dass der erste oder zweite Teil der Abiturprüfungsaufgabe schwerpunktmäßig anderen Semestern zugeordnet werden kann.

Daneben ist die **genaue Untersuchung des vorgelegten Textes** nach inhaltlichen und formalen Aspekten (evtl. mit bestimmter Zentrierung auf eine Fragestellung) Grundvoraussetzung für eine erfolgversprechende Arbeit. Wichtig ist es, **sprachliche und formale Gesichtspunkte** immer im Blick zu haben und diese mit dem Inhaltlichen in Beziehung zu setzen.
Eine übersichtliche, **klar strukturierte Skizzierung** der Antwort im Vorfeld hilft beim Vermeiden von Wiederholungen, von logischen Brüchen, Unvollständigkeit, Unübersichtlichkeit und Unklarheit.

Teil B: Übungsaufgaben – Hinweise, Tipps und Lösungsmöglichkeiten

Übungsaufgabe 1: Interpretation eines dramatischen Textes

Aufgabenstellung

1. Interpretieren Sie den vorliegenden Textausschnitt aus dem naturalistischen Drama *Vor Sonnenaufgang* von Gerhart Hauptmann.
2. Setzen Sie sich kritisch mit der Frage auseinander, inwiefern die Aufführung eines solchen Dramas heute von Nutzen sein könnte.

Text

Auszug aus:
Gerhart Hauptmann
***Vor Sonnenaufgang* (1889)**

Der Auszug ist dem 1. Akt entnommen. Loth kommt als Gast in die schlesische Bergarbeitergegend zu seinem ehemaligen Jugendfreund, dem Ingenieur Hoffmann, um eine sozialkritische Studie über das Kohlerevier zu schreiben. Er erfährt, dass dieser sich durch unlautere Mittel gegen einen Konkurrenten durchgesetzt hat und durch den Bau der Bergbahn, für ihn sehr vorteilhafte Pachtverträge mit Bauern und die Heirat mit der reichen Großbauerntochter Martha zu großem Vermögen gekommen ist. Politische Diskussionen und das Problem der Alkoholabhängigkeit der schwangeren Ehefrau Hoffmanns sind dem Ausschnitt vorausgegangen. Marthas Schwester Helene sehnt sich nach einem Ausbruch aus der Situation, ist als Frau dazu aber nicht allein in der Lage. Deshalb setzt sie ihre Hoffnungen in Loth.

Loth. Ich meine, die Arbeiter interessieren mich um ihrer selbst willen.

Helene. Ja, freilich – es ist ja sehr interessant … so ein Bergmann … wenn man's so nehmen will … es gibt ja so Gegenden, wo man gar keine findet, aber wenn man sie so täglich …

Loth. Auch wenn man sie täglich sieht, Fräulein … Man muss sie sogar täglich sehen, um das Interessante an ihnen herauszufinden.

Helene. Nun, wenn es so schwer herauszufinden … was ist es denn dann? das Interessante, mein' ich.

Loth. Es ist zum Beispiel interessant, dass diese Menschen, wie Sie sagen, immer so gehässig und finster blicken.

Helene. Wieso meinen Sie, dass das besonders interessant ist?

Loth. Weil es nicht das Gewöhnliche ist. Wir anderen pflegen doch nur zeitweilig und keineswegs immer so zu blicken.

Helene. Ja, weshalb blicken sie nur immer so … so gehässig, so mürrisch? Es muss doch einen Grund haben.

Loth. Ganz recht! und den möchte ich gern herausfinden.

Helene. Ach, Sie sind! Sie lügen mir was vor. Was hätten Sie denn davon, wenn Sie das auch wüssten?

Loth. Man könnte vielleicht Mittel finden, den Grund, warum diese Leute immer so freudlos und gehässig sein müssen, wegzuräumen; – man könnte sie vielleicht glücklicher machen.

Helene, *ein wenig verwirrt.* Ich muss Ihnen ehrlich sagen, dass … aber gerade jetzt verstehe ich Sie doch vielleicht ein ganz klein wenig. … Es ist mir nur … nur so ganz neu, so – ganz – neu!

Hoffmann, *durch die Tür rechts eintretend. Er hat eine Anzahl Briefe in der Hand.* So! da bin ich wieder. – Eduard! dass die Briefe noch vor acht auf der Post sind. *Er händigt dem Diener die Briefe ein; der Diener ab.* – So, Kinder! jetzt können wir speisen. – Unerlaubte Hitze hier! – September und solche Hitze! *Er hebt den Champagner aus dem Eiskübel.* Veuve Cliquot: Eduard kennt meine stille Liebe. *Zu Loth gewendet.* Habt ja furchtbar eifrig disputiert. *Tritt an den fertig gedeckten, mit Delikatessen überladenen Abendtisch, reibt sich die Hände.* Na! Da sieht ja recht gut aus! *Mit einem verschmitzten Blick zu Loth hinüber.* Meinst du nicht auch? – Übrigens, Schwägerin! Wir bekommen Besuch: Kahl Wilhelm. Er war auf dem Hof.

Helene *macht eine ungezogene Gebärde.*

Hoffmann. Aber Beste! Du tust fast, als ob ich ihn … was kann ich denn dafür? Hab' ich ihn etwa gerufen? *Man hört schwere Schritte im Hausflur.* Ach! Das Unheil schreitet schnelle.

Kahl tritt ein, ohne vorher angeklopft zu haben. Er ist ein vierundzwanzigjähriger plumper Bauernbursch, dem man es ansieht, dass er soweit möglich gern den feinen, noch mehr aber den reichen Mann herausstecken möchte. Seine Gesichtszüge sind grob, der Gesichtsausdruck vorwiegend dumm-pfiffig. Er ist bekleidet mit einem grünen Jackett, bunter Samtweste, dunklen Beinkleidern und Glanzlack-Schaftstiefeln. Als Kopfbedeckung dient ihm ein grüner Jägerhut mit Spielhahnfeder. Das Jackett hat Hirschhornknöpfe, an der Uhrkette Hirschzähne etc. Stottert.

Kahl. Gun'n Abend minander! *Er erblickt Loth, wird sehr verlegen und macht stillstehend eine ziemlich klägliche Figur.*

Hoffmann, *tritt zu ihm und reicht ihm die Hand, aufmunternd.* Guten Abend, Herr Kahl!

Helene, *unfreundlich.* Guten Abend.

Kahl, *geht mit schweren Schritten quer durch das ganze Zimmer auf Helene zu und gibt ihr die Hand.* n' Abend och, Lene.

Hoffmann, *zu Loth.* Ich stelle dir hiermit Herrn Kahl vor, unseren Nachbarssohn.

Kahl, *grinst und dreht den Hut. Verlegenheitsstille.*

Hoffmann. Zu Tisch, Kinder! Fehlt noch jemand? Ach, die Schwiegermama. Miele! bitten Sie Frau Krause zu Tisch.

Miele ab durch die Mitteltür.

Miele, *draußen im Hausflur schreiend.* Frau!! – Frau!! Assa kumma! Sie silln assa kumma!

Helene und Hoffmann blicken einander an und lachen verständnisinnig, dann blicken sie vereint auf Loth.

Hoffmann, *zu Loth.* Ländlich, sittlich!

Frau Krause erscheint, furchtbar aufgedonnert. Seide und kostbarer Schmuck. Haltung und Kleidung verraten Hoffart, Dummstolz, unsinnige Eitelkeit.

Hoffmann. Ah! da ist Mama! – Du gestattest, dass ich dir meinen Freund Dr. Loth vorstelle.

Frau Krause, *macht einen undefinierbaren Knicks.* Ich bin so frei! *Nach einer kleine Pause.* Nein aber auch, Herr Doktor, nehmen Sie mir's ock beileibe nicht iebel! Ich muss mich zuerscht muss ich mich vor Ihn'n vertefentieren – *sie spricht je länger, um so schneller* – vertefentieren wegen meiner vorhinigten Benehmigung. Wissen Se, verstiehn Se, es komm ein der Drehe bei uns eine so ane grußmächtige Menge Stremer ... Se kinn's ni gleba, ma hoot mit dan Battelvulke seine liebe Not. Asu enner, dar maust akrat wie a Ilster. Uf da Pfennig kimmt's ins ne ernt oa, ne ock ne, ma braucht a ni dreimol rimzudrehn, au kenn Toaler nich, ebb ma 'n ausgibbt. De Krausa-Ludwign'n, die iis geizig, schlimmer wie a Homster egelganz, di ginnt kem Luder nischt. Ihrer is gesturba aus Arjer, weil a lumpigte zweetausend ei Brassel verloern hoot. Nee, nee! asu sein mir dorchaus nicht. Sahn Se, doas Buffett kust't mich zweehundert Toaler, a Transpurt ni gerechent; na, d'r Beron Klinkow koan's au nee andersch honn.

Frau Spiller ist kurz nach Frau Krause ebenfalls eingetreten. Sie ist klein, schief und mit den zurückgelegten Sachen der Frau Krause herausgestutzt. Während Frau Krause spricht, hält sie mit einer gewissen Andacht die Augen zu ihr aufgeschlagen. Sie ist etwa fünfundfünzig Jahre alt; ihr Ausatmen geschieht jedesmal mit einem leisen Stöhnen, welches auch, wenn sie redet, regelmäßig wie „m" hörbar wird.

Frau Spiller, *mit unterwürfigem, wehmütig geziertem Moll-Ton, sehr leise.* Der Baron Klinkow haben genau dasselbe Buffett – m –.

Helene, *zu Frau Krause.* Mama! wollen wir uns nicht erst setzen, dann ....

Frau Krause, *wendet sich blitzschnell und trifft Helene mit einem vernichtenden Blick; kurz und herrisch.* Schickt sich doas?

Frau Krause, im Begriff, sich zu setzen, erinnert sich, dass das Tischgebet noch nicht gesprochen ist, und faltet mechanisch, doch ohne ihrer Bosheit im Übrigen Herr zu sein, die Hände.

Frau Spiller, *spricht das Tischgebet.* Komm, Herr Jesu, sei unser Gast. Segne, was du uns bescheret hast. Amen.

Alle setzten sich mit Geräusch. Mit Zulangen und Zureichen, das einige Zeit in Anspruch nimmt, kommt man über die peinliche Situation hinweg.

(Aus: Gerhart Hauptmann: *Vor Sonnenaufgang. Soziales Drama.* Berlin: Ullstein Taschenbuch, [41]2008, S. 25–29, Text der Centenar-Ausgabe.)

Erläuterung der Aufgabenstellung

Erläuterung

Die Aufgabenstellung enthält Hinweise

- zur Epoche: → Naturalismus
- zur Textgattung: → Drama
- zum Autor: → G. Hauptmann (bekannt durch *Die Ratten*)
- zum Schwerpunktthema: → soziales Drama
- zur gewünschten Textsorte: Operator „ Interpretieren Sie ..." → Textinterpretation
- bei Aufgabe zwei: → Stellungnahme, erörternder Text, persönlicher Standpunkt wichtig, relativ frei

zu Aufgabe 1

Gefordert ist also ein interpretatorischer Text, der Kenntnisse der Dramenanalyse, Epochenwissen zum Naturalismus (Stil, Sprache, Gestaltung, Themen, Menschenbild, Gesellschaftskritik, Zeit) und einen Transfer vom Sozialdrama *Die Ratten* auf einen weiteren, früheren Text von Hauptmann einbezieht.

zu Aufgabe 2

Die zweite Aufgabe steht schwerpunktmäßig hinter der ersten wichtigeren zurück. Die Freiheitsgrade bei einer solchen Aufgabenstellung sind recht hoch, die Überlegungen müssen sich allerdings stringent aus den vorher entwickelten Ergebnissen ableiten. Wichtig ist eine persönliche Stellungnahme und eine gut strukturierte und verknüpfte Entwicklung der Gedanken. Der Grad der gedanklichen Differenziertheit bestimmt die Güte.
Wichtig: nicht nur Allgemeinplätze abgeben, sondern konkrete Angaben machen und exaktes Fachwissen unter Beweis stellen!

Methodische und inhaltliche Möglichkeiten der Aufgabenbewältigung

Methodik

zu Aufgabe 1

- Untersuchung des Textes im Hinblick auf die Aufgabenstellung
- Transfer des Wissens aus vergleichbaren Texten im Unterricht auf vorliegenden Text
- Rekapitulieren der geforderte Textsorte
- Strukturierung der Antworten, Stichworte

Wissenstransfer:

Vergleich zwischen *Die Ratten* und dem Textausschnitt *Vor Sonnenaufgang*

1) Gestaltung der Personen als Angehörige verschiedener, auch unterer Schichten
2) Personenkonstellation aus unterschiedlichen sozialen Schichten, Änderung der sozialen Zugehörigkeit, Personen zwischen den Ständen (z. B. Sidonie Knobbe/Frau Krause)

3) Personen stehen stellvertretend für gesellschaftliche Gruppen, kein einzelner Held
4) Implementierung eines Vertreters naturalistischen Gedankengutes (Erich Spitta/Loth)
5) inhaltliche Schwerpunkte:
   - Aufzeigen von sozialen Missständen, Armut, Not
   - Aufdecken menschlicher Schwächen und Fehler
   - Abhängigkeit von Milieu und Lebensumständen
   - Darstellung der unverhüllten Lebenswirklichkeit (keine Tabus)
   - Religion als zerstörerisch, unnütz, Religiosität als floskelhaft gezeigt (Pastor Spitta/Tischgebet)
6) epische Elemente (sehr lange Regieanweisungen, Beschreibungen und Bewertungen
7) naturalistische Merkmale: Sprache der Personen, Sprachfehler, Grammatikalität
   Detailgenauigkeit, Stofflichkeit;
   empirische Vorgehensweise

Personenkonstellation

Loth: soziales Engagement, Studium der Arbeiter, wissenschaftliches Interesse und Vorgehensweise, empirische Methoden, vertritt Menschenbild der Naturalisten (Prägung durch Milieu, Zeit, Genetik), von außen kommender Beobachter

Helene: Kommunikationspartnerin, gibt Loth die Möglichkeit der Darstellung seiner Auffassung, befindet sich im Aufbruch (Hoffnung auf Verlassen der Umgebung und Umstände), Frauenfrage

Hoffmann: neureich, repräsentiert Luxus und wirtschaftliche Macht, protzt mit Reichtum, Verschwendungssucht, Rücksichtslosigkeit

Frau Krause: Dummheit, Arroganz, Diskrepanz zwischen hohem sozialem Stand (bedingt durch finanzielle Mittel) und fehlender Bildung

Kahl: extrem ungebildet aber reich, animalisch, grausam

Schreibplan

zu Aufgabe 1

Vorbereitung der Interpretation (d. h. genaue Textanalyse und Bewertung der Aussagen und Geschehnisse, Strukturierung der Analyseergebnisse)

Einleitung	• Autor: G. Hauptmann • Textgattung: soziales Drama • Zeit

thematischer Schwerpunkt	Gegenüberstellung von Arm und Reich, Dummheit und Bildung
kurze inhaltliche Zusammenfassung	Besucher Loth im Gespräch mit der Schwägerin seines ehemaligen Studienfreundes Hoffmann, Besuch des Nachbarsohnes Kahl, Abendbrot in der Familie
Struktur	3 Teile, gekennzeichnet durch große Redeanteile: 1. Gespräch Loth – Helene 2. Hoffmanns Darstellung seines Reichtums, Auftritt Kahls (formal: sehr lange Regieanweisungen) 3. peinlicher Auftritt von Frau Krause
Interpretation	siehe Randbemerkungen zum Lösungsvorschlag
naturalistische Elemente	**1. Inhalt:** • Loths wissenschaftliches Interesse an Arbeitern, wirtschaftlicher und sozialer Aspekt • empirische Arbeitsweise • Loth als Sprachrohr naturalistischer Gedanken • Zurschaustellung von Reichtum • Personengestaltung, Konstellationen, soziale Schicht (Loth – Helene, Loth – Hoffmann, Kahl und Frau Krause, Bedienstete Miele und Frau Spiller mit sehr unterschiedlichem Bildungsgrad) • Diskrepanz Reichtum – Bildung **2. formale Aspekte:** • Sprache: sehr unterschiedliche sprachliche Ebenen, Dialekt, Grammatik, Füllsel, Anteil an der Kommunikation • epische Elemente • Sekundenstil, Stofflichkeit, Details
Schluss: Hypothesen zur Zielsetzung des Textes, (Stellungnahme)	• Kritik an der Verarmung der Bergleute einerseits und extremem wirtschaftlichen Aufstieg einzelner Personen • Interesse an Verbesserung der Lebenssituation der Benachteiligten • Aufzeigen von Missständen, menschlichen Schwächen und Fehlern (Arroganz, Dummheit, Aggression, Imponiergehabe, Prunksucht) • nicht wertfrei vermittelte Darstellung der Realität, sondern deutliche Urteile und Schwerpunktsetzungen

L
Lösung

Lösungsmöglichkeit

zu Aufgabe 1

I. Einleitung

Kennzeichnung: Text, Thema, Inhalt, Struktur

Der Auszug aus Gerhart Hauptmanns sozialem Drama *Vor Sonnenaufgang* aus dem Jahre 1889 ist inhaltlich bestimmt durch die Auseinandersetzung über Armut und Reichtum in Verbindung mit dem Bildungsstand der Neureichen. Ort des Geschehens ist ein Hof in einer Bergarbeitergegend. In diesem Ausschnitt besucht Loth, ein Wissenschaftler, seinen Jugendfreund Hoffmann, der durch Heirat zu großem Reichtum gelangt ist. Diesem ungewöhnlichen Reichtum der Bauern steht die Armut der Bergarbeiter gegenüber. Die Szene nimmt von der Handlung her einen Disput Loths mit Helene, der Schwägerin Hoffmanns, auf. Der Nachbarssohn Kahl kommt kurz zu einem Besuch vorbei, ist aber aufgrund des unerwarteten Gastes sichtlich verlegen. Nach einem peinlichen Auftritt der Schwiegermutter folgt ein Abendessen in der Familie. Diese drei Ereignisse strukturieren diesen Ausschnitt.

II. Interpretation

1. Teil: Personenkonstellation Loth – Helene,
Inhalt: Gespräch über Bergleute,
Sprache: Hochsprache)

Das Gespräch zwischen Helene und Loth wird inhaltlich durch Loth bestimmt. Er vermittelt selbstbewusst und sicher („man muss sie sogar täglich sehen", Z. 5) sein Interesse an den Bergarbeitern und ihren Lebensbedingungen. Dieses Interesse wird als uneigennützig („um ihrer selbst willen", Z. 1) dargestellt. Loth geht es offenbar um die Feststellung von Bedingungen und Gründen (vgl. Z. 15 f.) für das Auftreten der Bergarbeiter. Auffällig und ungewöhnlich erscheint ihm ihr Blick und ihr Auftreten, die durch die Adjektive „gehässig" (Z. 10), „finster" (Z. 10), „mürrisch" (Z. 14) und „freudlos" (Z. 20) gekennzeichnet werden. Mit vorsichtigem Optimismus („vielleicht", Z. 19, 21) sucht er nach einer Möglichkeit, die Menschen „glücklicher" (Z. 21) zu machen, indem er nach der Analyse der Gründe die Ursachen ihrer Freudlosigkeit beseitigen will. Zumindest hält er diesen Zustand für nur „zeitweilig" (Z. 12 f.) akzeptabel und hält es für seine Pflicht, den Dingen auf den Grund zu gehen. Dieser Ansatz ist für Helen völlig „neu" (Z. 24). Sie übernimmt den Gesprächspart der Fragenden und auf Loth Reagierenden (z. B. Z. 7 f., Z. 11, Z. 14 f.), während Loths Rede durch Aussagesätze und Ausrufe („Ganz recht!", Z. 16) bestimmt ist. Er findet in Helene eine aufmerksame und gelehrige Zuhörerin („aber jetzt verstehe ich sie doch vielleicht ein klein wenig", Z. 22 f.). Während Loths sprachliche Äußerungen durch grammatikalische Vollständigkeit und logische Verknüpfung gekennzeichnet sind, ist Helenes Verwirrung erkennbar durch unvollständige Sätze, Pausen, Fragen. Beide reden in der Hochsprache.

2. Teil: Personenkonstellation: Hoffmann, Helene, Kahl, Loth; Sprache: Dialekt und Hochsprache, Verstummen, nonverbale Kommunikation; inhaltliche und formale Merkmale des Abschnittes)

Mit dem Eintreten Hoffmanns beginnt ein Abschnitt, der stark durch Handlung bestimmt ist. Diese wird durch lange Beschreibungen in Prosa vermittelt, ebenso die Beschreibung der Personen. Im Gegensatz zum anfänglichen Zwiegespräch wird die Anzahl der Personen deutlich erweitert (Loth, Helene, Hoffmann, Bedienstete Eduard und Miele, Nachbarsohn Kahl), es herrscht Unruhe („*man hört schwere Schritte im Hausflur*“, Z. 37), der Geräuschpegel steigt („Miele, *draußen im Hausflur schreiend*“, Z. 59). Die Gesprächspartner wechseln kurzfristig, Hoffmann hat den dominanten Part. Handlung, Sprachinhalte und Beschreibung dienen dazu, den Reichtum Hoffmanns hervorzuheben („*Hebt den Champagner aus dem Eiskübel.* Veuve Cliquot“, Z. 29, „*mit Delikatessen überladenen Abendtisch“,* Z. 31 f.). Er gibt sich als emsiger Geschäftsmann (vgl. Z. 26), der nach außen hin immer Fassung bewahrt. Seine Sprache ist die Hochsprache, durchsetzt mit Fremdwörtern („disputiert“, Z. 31) und poetischen Ausdrücken („Ach! Das Unheil schreitet schnelle“, Z. 38). In diesem Abschnitt findet die Kommunikation aber vorwiegend im nonverbalen Bereich statt. Hoffmann und Helene verständigen sich durch Blicke und Gesten, Kahl verstummt völlig. Seine Verlegenheit wird durch die Handlung unterstrichen („*grinst und dreht den Hut*“, Z. 55). Die Beschreibung in der Regieanweisung lässt keinen Zweifel an der Diskrepanz zwischen Hoffmann, Loth und Helene einerseits und Kahl, Miele, später Frau Krause andererseits hinsichtlich ihres Bildungsniveaus und sozialen Status. Kahl wird schonungslos als „*plumper Bauernbursch*“ (Z. 40), als „*dumm-pfiffig*“ (Z. 43) und als „*ziemlich klägliche Figur*“ (Z. 48) bewertet. Das Letztere ist bedingt durch die unpassende reiche äußere Fassade, die in völligem Gegensatz zu Charakter, Sprache und Manieren steht. Lediglich der neu erworbene Reichtum macht ihn zu einer Person, der oberflächlich Respekt und Höflichkeit entgegengebracht wird, hinter seinem Rücken kommt allerdings Abscheu und Zurückhaltung zum Vorschein (vgl. Z. 35, Z. 51). Kahl fällt durch seine unbeholfene und grobschlächtige Art auf. Außerdem stottert er.

3. Teil: Personenkonstellation: Frau Krause, Frau Spiller, Miele; Beobachterrolle Loths; Sprache: Dialekt, Struktur, nonverbales Verhalten; Regieanweisungen)

Im Gegensatz zu Kahl ist die Bedienstete Miele ihrer sprachlichen Restriktion nicht bewusst. Im Auftrag Hoffmanns beordert sie Frau Krause im Dialekt laut schreiend zu Tisch. Wie Kahl wird Frau Krause von ihrer äußeren Erscheinung her in der Regieanweisung sehr negativ bewertet (vgl. Z. 64 ff.). Auch bei ihr steht der zur Schau getragene Reichtum im extremen Gegensatz zu ihrer Bildung und zum Benehmen. Sie hat einen recht langen Redepart, der exemplarisch die ihr zugeordneten Eigenschaften „*Hoffart, Dummstolz, unsinnige Eitelkeit*“ (Z. 65 f.) verdeutlichen. Sie spricht Dialekt, ungrammatische Sprache, gebraucht Füllsel und falsche Fremdwörter („vertefentieren“ für „entschuldigen“, Z. 71 f.). Ihre Verlegenheit wird höchstens durch das immer schneller werdende Sprechtempo (Z. 72) deutlich. Außerdem hat ihr Redebeitrag keinerlei Struktur oder Zusammenhang. Sie springt unvermittelt von einem Gedanken zum anderen, ist aber insgesamt bemüht, ihren Reichtum hervorzuheben. Sie kehrt ihre Stellung als Hofherrin durch herrisches und lautes Benehmen (vgl. Z. 92 f.) heraus und genießt offenbar die unterwürfige Haltung ihrer Gesellschafterin Frau Spiller. Helene ist das Betragen ihrer (Stief-)Mutter offenbar sehr peinlich, insbesondere bedingt durch den Gast Loth. Dieser ist distanzierter Beobachter, wird allerdings durch Blicke (Z. 33, Z. 62) in die Kommunikation einbezogen. Seine Anwesenheit verändert das Verhalten der anderen. Sie glauben, sich entschuldigen (Z. 71 f.), rechtfertigen (Z. 72 ff.) oder erklären (Z. 63) zu müssen. Bestimmte Verhaltensweisen der anderen werden ihnen erst jetzt als peinlich deutlich (Z. 91), man erinnert sich an Sitten und Manieren (Z. 94 f.) aufgrund der Tatsache, dass man beobachtet wird.

III. Darstellung naturalistischer Elemente

inhaltliche Merkmale

Dieser Dramenausschnitt ist durch eine Vielzahl inhaltlicher und formaler Aspekte als typisch naturalistisch gekennzeichnet:

1. Der Wissenschaftler Loth erscheint als **Sprachrohr naturalistischen Gedankengutes**, indem er sein wissenschaftliches Interesse an der wirtschaftlichen und sozialen Situation der Bergarbeiter bekundet. Er geht **empirisch und beobachtend** vor und hofft auf eine **Verbesserung der Lebensbedingungen** der Bergleute und ihrer Familien.
2. Der protzig zur Schau gestellte **Reichtum der Bauern**, die Profit aus der wirtschaftlichen Lage gezogen haben, wird **im krassen Gegensatz zur Armut der arbeitenden untersten Schicht** dargestellt. Durch die Regieanweisungen und langen Prosabeschreibungen werden eindeutig negative Bewertungen abgegeben, die die **Reichen in ihrem Egoismus und Stolz verurteilen.**
3. Der Text zeigt **Mitglieder verschiedener sozialer Schichten**, wobei eindringlich klargemacht wird, dass Reichtum allein den Menschen noch nicht feiner und klüger macht. Menschen wie Kahl und Frau Krause befinden sich zwischen den sozialen Schichten, es besteht eine deutliche Diskrepanz zwischen ihrem sozialen Stand und ihrem Verhalten. Die unterwürfige Gesellschafterin Frau Spiller zeigt durch ihre Sprache einen deutlich höheren Bildungsgrad als ihre Arbeitgeberin.
4. Den Zielsetzungen der Naturalisten entspricht die **Darstellung menschlicher Schwächen und Fehler**. Dazu gehört auch das Einbeziehen von Sprachfehlern (Kahls Stottern) und Eigentümlichkeiten (vgl. Frau Spillers Ausatmen, Z. 88 f.). Auch die schiefe Haltung Frau Spillers (Z. 84) und die Trunksucht (siehe einführender Text zum Dramenauszug) sind in diesem Sinne von Belang.
5. Die **Skepsis der Naturalisten gegenüber der Religion** wird auch hier deutlich. So wird das Tischgebet lediglich zum Ritual, denn es wird nur mechanisch und ohne innere Beteiligung gesprochen.
6. Die **‚Frauenfrage'** wird einbezogen, indem deutlich wird, dass Helene ohne die Unterstützung eines Mannes nicht aus ihrer Situation ausbrechen kann.

formale Merkmale

Auch formal ist der Textauszug eindeutig naturalistisch gestaltet:

1. Die Sprachgestaltung bezieht den **Dialekt, Soziolekt, Idiolekt und Psycholekt** der Personen ein. Die Unterschiedlichkeit des sprachlichen Verhaltens wird auf geradezu komische Art verdeutlicht, wenn Hoffmann die „Schwiegermama", „Frau Krause", zu Tisch bitten lässt (vgl. Z. 56 f.) und Miele daraufhin losschreiend und alle Höflichkeits- und Grammatikregeln vernachlässigend mit „Frau!! – Frau!! Assa kumma! Se silln assa kumma!" (Z. 59 f.) reagiert. Füllsel, Pausen, Lautstärke und andere Bestandteile der Kommunikation werden genau vermerkt. In diesem Zusammenhang ist die **Interpunktion** (z. B. Ausrufezeichen) zur Verdeutlichung von Sprachverhalten ein wichtiges Hilfsmittel.
2. Der Text enthält sehr lange **epische Einschübe**, die weit über den Charakter von Regieanweisungen hinausgehen, weil sie nicht nur sichtbare Handlungsschritte einbeziehen. Dies ist besonders im Zusammenhang mit der Beschreibung der äußeren Erscheinung der Personen sowie ihren Charakteren zu erkennen. Hier werden eindeutig bewertende Urteile (*„klägliche Figur"*, Z. 48; *„furchtbar aufgedonnert"*, Z. 64; *„ohne ihrer Bosheit im Übrigen Herr zu sein"*, Z. 95 f.) abgegeben.
3. Der abgedruckte Dramenausschnitt kennzeichnet sich durch das Bemühen, die ‚Natur' in allen **Details** und so genau wie möglich wiederzugeben. Der **Sekundenstil** ist insbesondere bei der Sprachgestaltung, aber auch bei den Beschreibungen in Prosa zu sehen. Bis hin zur **Stofflichkeit** der Dinge (*„bunte Samtweste"*, *„Glanzlackstiefel"*, *„grüner Jägerhut mit Spielhahnfeder"*, *„Hirschhornknöpfe"* etc., Z. 43 ff.).

IV. Schluss (Bewertung, zur Zielsetzung des Textes)

Der Textausschnitt legt eindeutig einen kritischen Schwerpunkt auf das egoistische und protzige Verhalten der Reichen. Arroganz, Dummheit, Imponiergehabe und Prunksucht werden an den Pranger gestellt, menschliche Fehler und körperliche Schwächen aufgezeigt. Dabei geht es aber nicht nur um die neutrale Darstellung der Lebenswirklichkeit ohne Tabus, sondern es wird klar Stellung bezogen. Mit Loth kann der Zuschauer bzw. Leser nachvollziehen, dass eine Besserung der wirtschaftlichen Lage der Bergarbeiter angesichts des Überflusses der Bauern wünschenswert ist. Somit wird deutlich, dass sich das soziale Drama nicht nur auf eine Darstellung der Realität beschränkt, sondern auch der Versuch der Veränderung sozialer Gefüge durch Bewusstmachung der Verhältnisse unternommen wird. Dies geschieht durch minutiöse und authentische Wiedergabe von Lebenssituationen auf der Bühne einerseits, aber auch durch deutliche Schwerpunktsetzung und beeinflussende Bewertungen andererseits. Die sozialkritische Funktion von Theater ist heute unbestritten, im 19. und zu Beginn des 20. Jahrhunderts erzeugte diese Art der Funktionalisierung von Kunst erhebliche Kritik.

Methodische und inhaltliche Möglichkeiten der Aufgabenbewältigung

Methodik

zu Aufgabe 2

Pro-Argumente zum Nutzen einer Aufführung:

- Aufzeigen der **Kluft zwischen Arm und Reich**, gegenwärtig immer größer werdende Spanne zwischen Wohlhabenden/Reichen und am Existenzminimum lebenden Menschen
- Armut nicht notwendigerweise eine Frage von Schuld oder Intelligenz; Einbeziehung der Bildungsfrage etc.
- Gewinnstreben der Menschen, Skrupellosigkeit der wirtschaftlich Mächtigen, fehlende Auseinandersetzung mit der persönlichen Not der wirtschaftlich Abhängigen
- **Bedeutung finanzieller Möglichkeiten,** Beziehung zwischen sozialem Stand/ Stellung in der Gesellschaft und Vermögen
- Verhältnis zwischen **Bildung, Sitte, Höflichkeit – Menschlichkeit,** Erziehung zur Mitmenschlichkeit, Tendenzen in der heutigen Gesellschaft, Vergleich mit Darstellung in der Zeit des Naturalismus

Contra-Argumente zum Nutzen einer Aufführung:

- schwer zu verstehender **Dialekt**, Sprachgestaltung vor allem als Ergebnis der Suche nach neuen Ausdrucksformen in der Zeit des Naturalismus zu verstehen, heute nicht mehr nötig
- Theaterbesucher evtl. **falsche Adressatengruppe** der Kritik

Fazit:

grundsätzlich: **Theater als Möglichkeit des Aufzeigens und Veränderns von Missständen**, Transfer und Übertragung auf die Gegenwart müssen immer geleistet werden (vom individuellen Zuschauer bzw. vom Regisseur und Schauspieler)

Schreibplan

Schreibplan

zu Aufgabe 2

Vorbereitung des erörternden Textes

Einleitung	Gegenwartsbezug durch aktuell immer offensichtlicher werdende Schere zwischen den Einkommensverhältnissen und Lebenssituationen
Hauptteil	**1. Pro-Argumente:** a) Stück zeigt Kluft zwischen Arm und Reich (Machtverhältnisse, Spannungspotential, sozialer Status, Wechselwirkung zwischen wirtschaftlicher Situation und Verhalten, Forderung nach Abbau der extremen Unterschiede) b) Stück weist kritisch auf die Notwendigkeit der Bildung hin (Vorurteil der Verknüpfung von Intelligenz und Armut; Erkenntnis von Ursachen für Probleme durch Auseinandersetzung damit; Emanzipation und Unabhängigkeit durch höhere Bildung; Beziehung Sitte, Höflichkeit und Mitmenschlichkeit) **2. Contra-Argumente** a) Dialekt (schwer zu verstehen, als künstlerische revolutionäre Form nicht mehr funktional) b) Adressat der Kritik (Theaterbesucher nicht die Adressaten der Kritik, keine direkte Wirkung der Kritik)
Schluss	**Fazit:** Theater als Ort, an dem auf Missstände hingewiesen werden kann, Notwendigkeit der zeitgemäßen Inszenierung, Transfer durch Zuschauer

Lösungsmöglichkeit

Lösung

zu Aufgabe 2

Einleitung

Bei der Erstellung der Theaterspielpläne muss immer wieder erwogen werden, welche Theaterstücke in die Gegenwart passen, was aufgeführt und den Zuschauern angeboten werden soll. Dabei ist nicht nur die Frage zu entscheiden, welches Theaterstück von literarischer Bedeutung ist, sondern vor allem, welches Drama Besucher in die Spielstätten bringt. Immerhin steht das Theater in erheblicher Konkurrenz zu Medien wie Film und Fernsehen, der Besuch eines Theaters wird nicht nur bei Jugendlichen vielfach mit Langeweile, Anstrengung, unbequemer Kleiderordnung und fehlender Aktualität der Thematik verknüpft. Die Auswahl der Dramen ist also nicht leicht.

Hauptteil: Pro-Argumente

Genau an dieser Stelle setzt das Plädoyer für Hauptmanns *Vor Sonnenaufgang* ein. Dieses Drama ist zwar schon über hundert Jahre alt und entstammt einer Zeit, in der es noch keine gesicherten Bildungsabschlüsse, keine Gewerkschaften und keine staatlichen Sozialleistungen gab. Dennoch nimmt es Themen auf, die in ihrer Brisanz nicht an Aktualität verloren haben und es deshalb verdient, in den Theaterspielplänen aufzutauchen.
Zwei wesentliche Gesichtspunkte sollen hier für die Auswahl des Dramas *Vor Sonnenaufgang* angeführt werden.
Erstens zeigt dieses Drama die eklatante Kluft zwischen Arm und Reich. Im Drama sind die extrem unterschiedlichen wirtschaftlichen Situationen durch technische Entwicklungen und wirtschaftliche Veränderungen (hier im Zusammenhang mit dem Bergbau) bedingt. Skrupellose Menschen wie Hoffmann sichern sich durch kalkulierte Einheirat und durch Übervorteilung von intellektuell unterlegenen Bauern große Einkommensmöglichkeiten, die ihm das Leben in verschwenderischem Luxus ermöglichen. Dieses Verhalten ist prinzipiell auch gegenwärtig überall zu beobachten. Der Unterschied zwischen einer immer größer werdenden Anzahl von sehr reichen Menschen und einer großen Gruppe von Menschen, die an oder unter der Armutsgrenze leben, wird immer größer, der Mittelstand nimmt ab. Wie in den Zeiten des Naturalismus und durch das Drama *Der Sonnenaufgang* verdeutlicht, sind die Machtverhältnisse an die wirtschaftliche Situation gekoppelt. Das hat zur Folge, dass die Reichen immer reicher, die Armen immer ärmer werden und gleichzeitig immer weniger Interesse daran besteht, diese Verhältnisse zu ändern. Dies wird in unseren Tagen deutlich, wenn Studien zufolge eine Existenz noch unterhalb der Hartz-IV-Unterstützungsgrenze als möglich angesehen wird, während an anderen Stellen unglaublicher Luxus herrscht. Das Spannungspotenzial, das in diesen extremen Unterschieden verborgen liegt, wird in den Zeiten des Naturalismus durch Dramen wie *Vor Sonnenaufgang, Die Ratten,* aber auch in vielen anderen Texten herausgearbeitet. In unserer Zeit äußert sich dieses Spannungspotenzial beispielsweise in den Aufständen in den Pariser Vororten. Dass die schlechte wirtschaftliche Situation an den sozialen Status und an das Verhalten der Menschen gekoppelt ist, zeigt Hauptmanns Drama deutlich und ist ein bedenkenswertes Faktum, das immer wieder in Erinnerung gerufen werden muss.

Ein zweiter Aspekt macht die Aufführung des Dramas *Vor Sonnenaufgang* ebenfalls sinnvoll: Das Stück weist kritisch auf die Notwendigkeit der Bildung hin. Im Drama wäre Helenes Emanzipation und Loslösung von den für sie unerträglichen Lebensumständen denkbar, wenn es die Möglichkeit der Ausbildung und des eigenen Broterwerbs gäbe. Die Bauern könnten sich bei höherem Bildungsstand ihre rechtlichen Vorteile besser sichern, Frau Krause wäre nicht dem Ge-

spött preisgegeben. Darüber hinaus ermöglicht die höhere Bildung die Fähigkeit, nach Zusammenhängen zu suchen und diese gegebenenfalls zu erkennen (vgl. Loth). Alle diese hier aufgezeigten Chancen durch Bildung gelten auch in unserer Zeit. Die Übertragbarkeit und Relevanz des Dramas liegt auch hinsichtlich dieses Aspektes auf der Hand.
Gleichzeitig wird der Zusammenhang zwischen wirtschaftlichen Möglichkeiten und Bildung aufgezeigt. Wenn in Deutschland der Mangel an Fachkräften und Hochqualifizierten beklagt wird und die OECD für ein Stipendiensystem für junge Menschen aus einkommensschwächeren Elternhäusern plädiert, geschieht dies nicht nur aus altruistischen Gründen. In Deutschland verdienen Akademiker im Schnitt 64 % mehr als Arbeitnehmer mit Berufsausbildung, deshalb ist eine höhere Qualifikation für den Einzelnen erstrebenswert. Das soziale und wirtschaftliche Gefüge gerät aus dem Gleichgewicht, wenn der Bildungsbereich vernachlässigt wird. Das soziale Drama macht ebenfalls auf diesen Aspekt aufmerksam. Darüber hinaus wird gerade an der in Aufgabe 1 bearbeiteten Szene aufgezeigt, dass Höflichkeit und gute Sitten, die das menschliche Miteinander erleichtern, eng mit Bildung verknüpft sind.

Hauptteil: Contra-Argumente

Auf der anderen Seite ist es für heutige Theaterzuschauer nicht leicht, den Dialekt zu verstehen und sich in die Zeit des ausgehenden 19. Jahrhunderts hineinzudenken. Dies gilt insbesondere für die im Naturalismus als revolutionär empfundene formale Gestaltung, die in unserer Zeit an Appellkraft verloren hat. Weiterhin ist zu hinterfragen, ob das Theaterpublikum, das ohnehin in der Regel einer bestimmten Bildungs- und Einkommensgruppe entspricht, der richtige Adressat für die oben aufgezeigten kritische Fragen ist. Die Menschen, die das Ungleichgewicht der finanziellen Möglichkeiten ändern oder sich aus einem Zustand der Unbildung befreien könnten, gehen nur als Minderheit ins Theater und dann sicher nicht mit der Absicht, sich belehren lassen zu wollen.

Schlussteil

Dennoch muss abschließend festgehalten werden, dass das Theater immer als Ort gedient hat und dienen wird, in dem auf Missstände hingewiesen wird. Auch wenn keine unmittelbare Wirkung festzumachen ist, trägt das Theater dazu bei, eine kritische Stimmung zu erzeugen und Fragen anzuregen. Für jedes Theaterstück – gleichgültig ob alt oder neu – gilt die Voraussetzung einer angemessenen Inszenierung und der Bereitschaft des Publikums zum Transfer der angebotenen Inhalte auf die aktuellen Bedingungen.

Übungsaufgabe 2: Gedichtbeschreibung mit Erörterung

Aufgabenstellung

Aufgabe

1. Analysieren Sie das folgende Gedicht als Beispiel eines Dokumentes sozialer Realität.
2. Überprüfen Sie sowohl unter Rückgriff auf die Analyseergebnisse als auch auf Ihre Kenntnisse über die Zeit des Naturalismus, inwiefern literarische Texte politische Informationen vermitteln können.[9]

Text

Text

Oskar Jerschke
***An die oberen Zehntausend* (1885)**

O kehrtet einmal Ihr aus den Palästen
Im dunstigen Dunkel enger Gassen ein!
O kehrtet einmal Ihr von Euren Festen
Ins vierte Stockwerk, wo beim Öllichtschein
Blutarme Näherinnen um den Bissen
Des lieben Brots zehn Stunden nähen müssen!

Kröcht' einmal Ihr mit Eurem Schmuck behangen
Zur Kellerwohnung, wo der Schuster flickt,
Sein armes Weib mit hungerbleichen Wangen
Den Säugling an die welken Brüste drückt,
Von Einer Mark oft sieben Leute leben,
Die doch dem Kaiser noch den Groschen geben!

Es würd' Euch grausen, und in Eure Stirnen
Käm' flammengleich das Krösusblut gerollt,
Und durch den Puder Eurer feilen Dirnen
Bräch' sich die Schamglut um das Sündengold,
Und wie wenn Eise sich mit Feuern mischen,
Würd' Euch das Herz in frost'gen Schaudern zischen.

Ihr müsstet zittern, dächtet Ihr im Düster
Des Vorstadtelends an der Schlösser Pracht,
An Baldachin und Purpurbett und Lüster,
An Wein und Sillery und Wonnennacht
Und tausendfach müsst' Euch von allen Mauern
Vernichtung flammengrell entgegenschauern ...

(Aus: Wilhelm Arent (Hrsg.): *Moderne Dichter-Charaktere*. Leipzig: Friedrich, 1885, S. 168–169. Zitiert nach: Peter Kohrs (Hrsg.), *Deutsch in der Oberstufe*. Paderborn: Schöningh, 2007, S. 235.)

9 In Anlehnung an die Abituraufgabe I (gA) 2008.

Worterklärungen:

Krösus: In der deutschen Umgangssprache wird ein reicher, im Luxus lebender Mensch in Anlehnung an ein historisches Vorbild (Krösus war König des antiken Lydien) als Krösus bezeichnet.

Sillery: Dorf in der Nähe von Reims; der „Sillery" war damals ein berühmter Champagner

Erläuterung der Aufgabenstellung

Erläuterung

zu Aufgabe 1

- Gedichtanalyse: Struktur, formale Merkmale wie Reimschema, Metrum, Stilmittel und ihre Funktion, Wortwahl, Adressat, Thema, Verknüpfung der Strophen und Verse, Zeichen, Besonderheiten, Intention des Gedichtes
- Form und Inhalt miteinander in Beziehung setzen
- Zeitbezug herstellen, Kenntnisse über naturalistische Bewegung einsetzen

zu Aufgabe 2

- Entwicklung einer Hypothese, die argumentativ auf der Grundlage umfangreichen Wissens begründet werden muss
- konkrete, aber funktional eingebundene Einbeziehung der Analyseergebnisse, aber auch des Wissens aus dem Unterrichtsgeschehen
- klar strukturierter Textaufbau erforderlich
- eigener Standpunkt

Methodische und inhaltliche Möglichkeiten der Aufgabenbewältigung

Methodik

zu Aufgabe 1

Vorbereitende Notizen:

Form: 4 Strophen à 6 Zeilen
Kreuzreim/Paarreim
5-hebiger Trochäus
Stilmittel: Anapher, Alliteration, Inversion, Konjunktivgebrauch
Vielzahl der Adjektivattribute, Metaphern und Vergleiche
Wiederholung, Kontraste, Details, Komposita
persönliche Anrede einer Adressatengruppe

Struktur: Mittelachse, Zusammengehörigkeit Str. 1 + 2/3 + 4
parallele Gestaltung der 1. und 4. Strophe
Gegenüberstellung von Arm und Reich

Inhalt: Notwendigkeit der Beseitigung der Ungerechtigkeit
revolutionärer Gestus
Hausmetapher, Kellerwohnung und Dachgeschoss als Lebensorte der Angehörigen des 4. Standes
obere Zehntausend ←→ 4. Stand (Gruppe der Näherinnen/Schusterfamilie)

Zeitbezug: Anklage, Landflucht, Verarmung in den Städten, Kluft zwischen Arm und Reich, Versuch des Ignorierens und Abschottens durch die Reichen, Umsturzgedanken, naturalistische Ideen und Themen

S schreib-plan

Schreibplan

zu Aufgabe 1

Vorbereitung des beschreibenden Textes

Einleitung	Informationen zu: • Autor, Zeit, Titel des Textes etc. • formalen Merkmalen • Struktur • inhaltlichem Schwerpunkt
Darstellung der einzelnen Strophen	1. Strophe: • Adressat: obere Zehntausend • Appell: Kennenlernen der Lebensbedingungen anderer, Kontrast arm – reich • 1. Beispiel: Not und Armut der Näherinnen im 4. Stock 2. Strophe: • 2. Beispiel: Kellerwohnung der Schusterfamilie • Krankheit, Armut, Ausbeutung • Passivität der Reichen, Tätigkeit der Armen 3. Strophe: • nötige Konsequenz: Scham • Unmoral der Reichen • Bildbereich: Feuer – Eis 4. Strophe: • Darstellung des Luxuslebens der Reichen • Furcht vor revolutionärer Umstürzung der Verhältnisse • Irrealität der Veränderung der Zustände • Feuermetapher
Überschrift/Adressaten des Gedichtes	konsequent angesprochene Gruppe: obere Zehntausend Bezug zwischen Überschrift und Appell im Gedicht sprachliche und inhaltliche Mittel der Verknüpfung
literaturhistorische Einordnung	Gedicht als Beispiel der Auseinandersetzung mit der sozialen Frage, Naturalismus

Lösungsmöglichkeit

L Lösung

zu Aufgabe 1

formale Merkmale des Gedichtes, Struktur, Thema

Das Gedicht *An die oberen Zehntausend* von Oskar Jerschke aus dem Jahr 1885 ist in **vier Strophen zu je sechs Zeilen** aufgeteilt. Das **Reimschema ist regelmäßig**: ein **Kreuzreim** in den ersten vier Zeilen, gefolgt von einem **Paarreim** in den letzten beiden Zeilen. Auch der regelmäßig eingesetzte **fünfhebige Trochäus** mit Auftakt steht im Gegensatz zu dem **revolutionären Inhalt** des Gedichtes. Es geht in den ersten beiden Strophen um einen Appell an die „oberen Zehntausend", sich einmal das Elend des vierten Standes anzusehen. Scham und Angst vor einer Revolte werden in den Strophen drei und vier als notwendige Konsequenz dieser Betrachtung formuliert. Damit enthält das Gedicht eine klare **Struktur**. Die kontrastive Gegenüberstellung von Arm und Reich erfolgt durch die anschauliche Darstellung des Dunkels und der kümmerlichen Lebensverhältnisse der Armen in den ersten beiden Strophen im Gegensatz zum Prunk und Überfluss der Reichen in den letzten beiden Strophen.

Beschreibung der einzelnen Strophen nach inhaltlichen und formalen Gesichtpunkten

Die **erste Strophe** formuliert die an die „oberen Zehntausend" gerichtete Aufforderung, ihre Paläste (Z. 1) und Feste (Z. 3) zu verlassen und die Begrenztheit der Lebensbedingungen anderer Menschen („enger Gassen", Z. 2) wahrzunehmen. Dabei wird durch Ausruf, Inversion und Anapher („O kehrtet einmal Ihr", Z. 1 und 3) der dringende Appell, aber auch die überzeugende Wirksamkeit eines einmaligen Besuches verdeutlicht. Durch die Alliteration „dunstigen Dunkel" (Z. 2) werden die düstere Stimmung, die schlechte Beleuchtung und die ungesunde Luft hervorgehoben. Diese Bedingungen („Öllichtschein", Z. 4) gehören aber zu den Lebens- und Arbeitsumständen der „Näherinnen" (Z. 5), die in mühsamer Arbeit das Nötigste zum Erhalt ihrer Existenz („um den Bissen/Des lieben Brots", Z. 5 f.) verdienen.
Während die erste Strophe zum Besuch des vierten Stockwerks auffordert, nimmt die **zweite Strophe** die „Kellerwohnung" der Schusterfamilie in den Blick. So wird das soziale Gefälle, das der Wohnlage („Paläste", Z. 1; Mietshäuser mit Näherinnen und Schuster) entspricht, aufgezeigt. Auch hier wird in paralleler Gestaltung zur Aufforderung in der ersten Strophe das Adverb „einmal" (Z. 7) durch die Inversion betont. Das Verb („Kröcht'", Z. 7) nimmt lautmalerisch und inhaltlich die Enge der Lebenssituation wieder auf. Die Partizipialkonstruktion „Ihr mit Eurem Schmuck behangen" (Z. 7) stellt kontrastiv Passivität und Reichtum der Reichen heraus, während die Armen aktiv sein müssen („flickt", Z. 8; „drückt", Z. 10) und dennoch extrem arm bleiben (Z. 11). Die Adjektivwahl („armes Weib mit hungerbleichen Wangen", Z. 9, „die welken Brüste", Z. 10) unterstreicht diesen Eindruck anschaulich. Dass die armen Leute außerdem noch Steuern zahlen müssen (Z. 12), erscheint als Gipfel der Ungerechtigkeit. Wie die

erste Strophe endet auch die zweite mit einem Ausrufezeichen, um so der Betroffenheit des lyrischen Ichs Ausdruck zu verleihen.
Die **dritte Strophe** zeigt die im Konjunktiv formulierte Konsequenz der Erkenntnisse auf. Diese müsste darin bestehen, dass die Reichen sich „grausen" (Z. 13), sich schämen (Z. 14, Z. 16) und erschaudern (Z. 18). Diese Strophe nimmt in Metaphern und Vergleichen den moralischen Verfall („feilen Dirnen", Z. 15, „Sündengold", Z. 16) der Reichen in den Blick. Dabei bestimmen die Kontraste Feuer und Eis die Beschreibung („flammengleich", „Schamglut", „Feuern" – „Eise", „frost'gen Schaudern"). So unverträglich diese Elemente sind, müsste auch das Aufeinandertreffen von Arm und Reich zu einer heftigen Reaktion führen („zischen", Z. 18). Der durchgehend gebrauchte Konjunktiv zeigt aber, dass diese Situation wenig erwartbar ist.
Dennoch wird der Besuch der Reichen bei den Armen in der **vierten Strophe** als Vorstellung weiterentwickelt. In Umkehrung der Situation in Strophe eins (1. und 2. Zeile: Paläste, Dunkel, enge Gassen) wird die gedankliche Perspektive aus „dem Düster/Des Vorstadtelends an der Schlösser Pracht" (Z. 19 f.) entwickelt. Die Aufzählung der das Luxusleben kennzeichnenden Elemente (Z. 21 f.) macht den Kontrast zum Elend des vierten Standes besonders nachvollziehbar. So endet auch das Gedicht mit der Prognose der Revolte und Vernichtung. Die Folgerichtigkeit eines solchen Ereignisses wird durch inhaltliche Superlative wie „tausendfach" und „allen Mauern" (Z. 23) ausgedrückt, gleichzeitig macht der Irrealis („müsstet", „dächtet", Z. 19; „müsst'", Z.23) die Unwahrscheinlichkeit des sofortigen tatsächlichen Eintretens erkennbar. In der letzten Zeile („flammengrell", Z. 24) wird die Feuermetapher aus der dritten Strophe noch einmal aufgegriffen Diese letzte Zeile enthält nur drei Wörter, die ausnahmslos negativ denotiert sind. Anstelle eines Punktes, der einen grammatischen und gedanklichen Abschluss setzen würde, endet das Gedicht mit drei Punkten. Dies legt die Überlegung nahe, dass noch etwas aussteht, was möglicherweise die aufgezeigten sozialen Missstände verändern würde.

Adressaten des Gedichtes

Ungewöhnlich ist, dass die in der **Überschrift** angesprochenen „oberen Zehntausend" konsequent durch das ganze Gedicht hindurch die direkt angesprochenen **Adressaten** bleiben. Durch die Textgattung (Lyrik) und die sprachliche Ausgestaltung (Gebrauch rhetorischer und stilistischer Mittel, poetischer Sprachgebrauch, Verweise auf die Antike [Krösus, Z. 14] und Markennamen [Sillery, Z. 22]) wird dem Bildungsniveau und Wissen dieser Gruppe Rechnung getragen.

Gedicht als Beispiel der Auseinandersetzung mit der sozialen Frage)

Milieu und Lebensbedingungen der kleinen Gruppe der Reichen werden mit den menschenunwürdigen Arbeits- und Lebensverhältnissen von Arbeitern und ihren Familien kontrastiert. Dabei wird der Blick beispielhaft verengt auf Einzelschicksale. Ihre Situation wird anschaulich und detailgenau dargestellt. Daraus leitet sich die Überzeugung ab, dass es nur des einmaligen Hinsehens bedürfe, um der schreienden Ungerechtigkeit gewahr zu werden. Während auf der einen Seite Überfluss mit Sittenlosigkeit gepaart ist, steht auf der anderen Seite der nackte Kampf ums Überleben. Die letzten beiden Zeilen des Gedichtes lesen sich deshalb nicht nur als Folgeerscheinung der Betrachtung der Misere des vierten Standes, sondern enthalten den bedrohlichen Unterton der Möglichkeit des Sturzes der Oberschicht. Diese revolutionären Gedanken sind Bestandteil der Auseinandersetzung der Literaten des ausgehenden 20. Jahrhunderts (Naturalismus) mit der sozialen Frage. Der Aufruf zur Veränderung der Gesellschaft und zur Abschaffung der sozialen Ungerechtigkeit ist unüberhörbar.

Methodische und inhaltliche Möglichkeiten der Aufgabenbewältigung

zu Aufgabe 2

- politische Intention des Gedichtes sowie anderer naturalistischer Texte: Schreiben gegen gesellschaftliche Missstände, Thematisierung der Hierarchien und Ungerechtigkeiten, wirtschaftliche Not vieler Menschen, Ziel der Veränderung der Verhältnisse
- menschliches Handeln bedingt durch soziale Herkunft
- konkrete Rückbezüge auf literarische und programmatische Schriften des Naturalismus
- Einbeziehung weiterer Beispiele der Vermittlung politischer Intention durch Literatur (konkret benennen und ausführen)
- Abwägen von möglichen Gegenbeispielen
- klare und übersichtliche Gliederung im Vorfeld erstellen, Gewichtung der Argumente beachten

Lösungsmöglichkeit

zu Aufgabe 2

Zur Ausgestaltung der Erörterung vgl. S. 34–37.

Übungsaufgabe 3: Gestaltendes Erschließen literarischer Texte

Aufgabenstellung

1. Analysieren Sie das Gedicht von Brecht im Hinblick auf die Umstände, die zum Kindesmord führen.
2. Stellen Sie sich eine Gerichtsszene in den 20er Jahren des 20. Jahrhunderts vor, in der der Fall der Kindesmörderin Marie Farrar verhandelt wird. Sie verteidigen die junge Frau mit einem Abschlussplädoyer. Gestalten Sie diese Rede vor dem Gericht. Erläutern Sie in einem zweiten Schritt Inhalt und Gestaltung Ihres Textes.

Text

Bertolt Brecht
Von der Kindesmörderin Marie Farrar (1922 entstanden)

1.
Marie Farrar, geboren im April
Unmündig, merkmallos, rachitisch, Waise
Bislang angeblich unbescholten, will
Ein Kind ermordet haben in der Weise:
Sie sagt, sie habe schon im zweiten Monat
Bei einer Frau in einem Kellerhaus
Versucht es abzutreiben mit zwei Spritzen
Angeblich schmerzhaft, doch ging's nicht heraus.
  Doch ihr, ich bitte euch, wollt nicht in Zorn verfallen
  Denn alle Kreatur braucht Hilf von allen.

2.
Sie habe dennoch, sagt sie, gleich bezahlt
Was ausgemacht war, sich fortan geschnürt
Auch Sprit getrunken, Pfeffer drin vermahlt
Doch habe sie das nur stark abgeführt.
Ihr Leib sei zusehends geschwollen, habe
Auch stark geschmerzt, beim Tellerwaschen oft.
Sie selbst sei, sagt sie, damals noch gewachsen.
Sie habe zu Marie gebetet, viel erhofft.
  Auch ihr, ich bitte euch, wollt nicht in Zorn verfallen
  Denn alle Kreatur braucht Hilf von allen.

3.
Doch die Gebete hätten, scheinbar, nichts genützt.
Es war auch viel verlangt. Als sie dann dicker war
Hab ihr in Frühmetten geschwindelt. Oft hab sie geschwitzt
Auch Angstschweiß, häufig unter dem Altar.
Doch hab den Zustand sie geheimgehalten
Bis die Geburt sie nachher überfiel.
Es sei gegangen, da wohl niemand glaubte
Daß sie, sehr reizlos, in Versuchung fiel.
Und ihr, ich bitte euch, wollt nicht in Zorn verfallen
Denn alle Kreatur braucht Hilf von allen.

4.
An diesem Tag, sagt sie, in aller Früh
Ist ihr beim Stiegenwischen so, als krallten
Ihr Nägel in den Bauch. Es schüttelt sie.
Jedoch gelingt es ihr, den Schmerz geheimzuhalten.
Den ganzen Tag, es ist beim Wäschehängen
Zerbricht sie sich den Kopf; dann kommt sie drauf
Daß sie gebären sollte, und es wird ihr
Gleich schwer ums Herz. Erst spät geht sie hinauf.
Doch ihr, ich bitte euch, wollt nicht in Zorn verfallen
Denn alle Kreatur braucht Hilf von allen.

5.
Man holte sie noch einmal, als sie lag:
Schnee war gefallen, und sie mußte kehren.
Das ging bis elf. Es war ein langer Tag.
Erst in der Nacht konnt sie in Ruh gebären.
Und sie gebar, so sagt sie, einen Sohn.
Der Sohn war ebenso wie andere Söhne.
Doch sie war nicht, wie andre Mütter sind, obschon –
Es liegt kein Grund vor, daß ich sie verhöhne.
Auch ihr, ich bitte euch, wollt nicht in Zorn verfallen
Denn alle Kreatur braucht Hilf von allen.

6.
So laßt sie also weiter denn erzählen
Wie es mit diesem Sohn geworden ist
(Sie wolle davon, sagt sie, nichts verhehlen)
Damit man sieht, wie ich bin und du bist.
Sie sagt, sie sei, nur kurz im Bett, von Übel-
keit stark befallen worden, und allein
Hab sie, nicht wissend, was geschehen sollte
Mit Mühe sich bezwungen, nicht zu schrein.
Und ihr, ich bitte euch, wollt nicht in Zorn verfallen
Denn alle Kreatur braucht Hilf von allen.

7.
Mit letzter Kraft hab sie, so sagt sie, dann
Da ihre Kammer auch eiskalt gewesen
Sich zum Abort geschleppt und dort auch (wann
Weiß sie nicht mehr) geborn ohn Federlesen
So gegen Morgen zu. Sie sei, sagt sie
Jetzt ganz verwirrt gewesen, habe dann
Halb schon erstarrt, das Kind kaum halten können
Weil es in den Gesindeabort hereinschnein kann.
  Und ihr, ich bitte euch, wollt nicht in Zorn verfallen
  Denn alle Kreatur braucht Hilf von allen.

8.
Dann zwischen Kammer und Abort – vorher, sagt sie
Sei noch gar nichts gewesen – fing das Kind
Zu schreien an, das hab sie so verdrossen, sagt sie
Daß sie's mit beiden Fäusten, ohne Aufhörn, blind
So lang geschlagen habe, bis es still war, sagt sie.
Hierauf hab sie das Tote noch durchaus
Zu sich ins Bett genommen für den Rest der Nacht
Und es versteckt am Morgen in dem Wäschehaus.
  Doch ihr, ich bitte euch, wollt nicht in Zorn verfallen
  Denn alle Kreatur braucht Hilf vor allem.

9.
Marie Farrar, geboren im April
gestorben im Gefängnishaus zu Meißen
Ledige Kindesmutter, abgeurteilt, will
Euch die Gebrechen aller Kreatur erweisen.
Ihr, die ihr gut gebärt in saubern Wochenbetten
Und nennt „gesegnet" euren schwangeren Schoß
Wollt nicht verdammen die verworfnen Schwachen
Denn ihre Sünd war schwer, doch ihr Leid groß.
  Darum, ich bitte euch, wollt nicht in Zorn verfallen
  Denn alle Kreatur braucht Hilf von allen.

(Aus: Bertolt Brecht: *Gesammelte Werke in 20 Bänden.* Werkausgabe Edition Suhrkamp. Frankfurt/M.: Suhrkamp, 1967, Bd. 8, S. 176. Brecht muss in alter Rechtschreibung zitiert werden.)

Erläuterung der Aufgabenstellung

zu Aufgabe 1

Der Schwerpunkt der Textbehandlung wird auf die Sammlung der Umstände gelegt, die zur Kindestötung führen. Da hier einerseits ein Geschehen erzählend wiedergeben wird, andererseits die lyrische Form vorliegt, muss man beiden Gattungselementen Rechnung tragen. Allerdings wird keine erschöpfende Interpretation des Textes erwartet.

zu Aufgabe 2

Die Gestaltung der Rede muss inhaltlich mit dem Text übereinstimmen und Elemente daraus entnehmen. Die in Aufgabe 1 ermittelten Aspekte können inhaltlich genutzt werden, es muss aber auch deutlich darüber hinausgegangen werden.

In einem zweiten Teil soll die eigene Textproduktion erläutert werden. Dort können Sie bestimmte Entscheidungen, die Sie für die Rede getroffen haben, erklären. Damit befinden Sie sich auf einer Metaebene der Textproduktion.

Methodische und inhaltliche Möglichkeiten der Aufgabenbewältigung

zu Aufgabe 1

Thema

Uneheliche Schwangerschaft und Folgen für betroffene Frauen aus dem vierten Stand

Diskrepanz zwischen Rechtsprechung und Menschlichkeit

Form

- Struktur: 9 Strophen, je 8 Zeilen, Refrain am Schluss mit leichten Varianten (1. Wort (doch/auch/und/darum); Strophe 8: „vor allem“ statt „von allen“), Rahmen: 1. und 9. Strophe mit gleicher erster Zeile, Verstärkung des Kontrastes (geboren ↔ gestorben, Jugend der Verurteilten)
- lyrisches Ich: „ich“ in Strophe 5 und 6 und Refrain
- um Mitleid bittende Haltung (Refrain), Hinweis auf Ähnlichkeit aller „Kreatur“ („Damit man sieht, wie ich bin und du bist“, Strophe 6, Z. 4), Unterschiede in Milieu und Umständen, direkte Ansprache der Adressaten (siehe Strophe 9)
- formale Merkmale: unreiner Kreuzreim, Refrain Paarreim, viele sekundäre Merkmale von Lyrik fehlen (Metrik, poetischer Sprachgebrauch etc.)
- Prosa, epischer Stil, viele Enjambements
- chronologische Wiedergabe der Ereignisse, episch, als Wiedergabe der Zeugenaussage Marie Farrars gekennzeichnet
- Schwerpunkt, detaillierte Beschreibung: Tag der Geburt, Kindesmord

Inhalt

Umstände, die zur Tötung des Kindes führen, sind folgende:

1. Jugend	– in juristischer („unmündig“, 1,2) und – in körperlicher (nicht ausgewachsen, 2,7) Hinsicht
2. fehlende Unterstützung	– durch Eltern („Waise“, 1,2) – durch Religion (2,8/3,1) – durch Freunde, Vertraute, Vater des Kindes
3. Angst	– bedingt durch Illegalität des Abtreibungsversuchs (1,5 ff.) – durch Wissen um „Sünde“ der unehelichen Schwangerschaft (3,4/9,8) – durch Verstoß gegen bürgerliche Normen (3,5 ff.)

- lange Zeit der Schwangerschaft war geprägt durch Angst, Schmerz, Furcht vor Entdeckung, Vergeblichkeit der Lösungsansätze, Hilflosigkeit

4. Unwissenheit	– hinsichtlich biologischer Vorgänge (4,6) – bezüglich der unmittelbaren und weiteren Zukunft (6,7)
5. Verwirrung	– durch Schmerz (4,4) – Umstände der Geburt (Kälte, lange Arbeitszeit und Müdigkeit, Unsicherheit, Ort der Geburt, auf sich allein gestellt)
6. Schreie des Neugeborenen	– Lautstärke, Angst vor Entdeckung

- Tötung im Affekt, Verzweiflung, Verlust von Rationalität führt zum blinden Zuschlagen (8,4), Versuch des Abstellens der Schreie

Ziel

Bitte um Einsicht: Hilfe und Mitleid statt Zorn, Verachtung und Hohn
durch:
- Aufklärung über Umstände der Geburt
- Darstellung der entwürdigenden und unwürdigen Situation
- Milieuschilderung, Hinweis auf Unterschiede in den sozialen Schichten
- Hinweis auf Abhängigkeit der Entwicklung und der Möglichkeiten des Individuums von Milieu und Standeszugehörigkeit
- Hinweis auf Gleichheit aller Menschen (6,4)
- Hinweis auf Notwendigkeit der Hilfestellung unter allen Umständen (8,10)

Schreibplan

Schreibplan

zu Aufgabe 1

Vorbereitung der Textanalyse

Einleitung	Titel, Autor, Inhalt, Thema
Struktur	9 Strophen, Refrain, Rahmen Appell, Beziehung lyrisches Ich – Adressatengruppe
Form, Textgestaltung Textsorten	• lyrische Elemente: Strophen, Zeilenstil, Reim, Metrik • epische Elemente: Prosa, Erzählung, Funktion der Enjambements • Chronologie der Darstellung der Ereignisse • dokumentarischer Charakter der Aussagen • Merkmale von Ballade, Bänkelgesang, Moritat, Gedicht, Drama, Sachtext • Schwerpunkt: Umstände der Geburt
Hauptteil: Bedingungen der Schwangerschaft und Umstände der Kindstötung	• Jugend • fehlende Unterstützung • Angst • Unwissenheit • Verwirrung • Umstände der Geburt
Zielsetzung	Bitte um Nachsicht: Hilfe und Mitleid statt Zorn, Verachtung und Hohn Mittel der Umsetzung des Zieles
literaturgeschichtliche Einordnung	• Naturalismus und Moderne (Form, Stil, Menschenbild) • soziale Frage • Stellung der Angeklagten (Milieu, körperliche Bedingungen, fehlende Bildung, wirtschaftliche Situation) • Rolle der Kirche • Ziel der Anteilnahme durch Aufklärung über Umstände • Weitere Beispiele (Hauptmann, Horváth)

Lösungsmöglichkeit

zu Aufgabe 1

Einleitung, Titel, Autor, Inhalt, Thema

Das Gedicht *Von der Kindesmörderin Marie Farrar* von Bertolt Brecht aus dem Jahre 1922 nimmt den Fall einer unehelichen Schwangerschaft eines Mädchens aus dem vierten Stand auf, der mit der Verurteilung zum Tod wegen Kindestötung endet. Das Gedicht verweist auf die Diskrepanz zwischen Rechtsprechung und Mitleid und Menschlichkeit.

Struktur, lyrisches Ich, Adressaten

Es ist in 9 Strophen unterteilt, in denen jeweils in den ersten 8 Zeilen die Geschichte Marie Farrars vom Beginn der Schwangerschaft bis zu ihrem Tod wiedergegeben wird. Die letzten beiden Zeilen jeder Strophe enthalten einen refrainartig gestalteten Aufruf an alle, die aus besseren sozialen Schichten stammen (vgl. „Ihr, die ihr gut gebärt in saubern Wochenbetten und nennt ‚gesegnet' euren schwangeren Schoß", 9,5 f.). Hier bittet das lyrische Ich ausdrücklich („ich bitte euch") darum, nicht mit „Zorn", sondern mit Hilfeleistung auf die Not anderer zu reagieren. Bei der Verknüpfung des Refrain mit der vorangegangenen Strophe variiert das Anfangswort (doch, auch, und, darum), aber nur in der vorletzten Strophe wird inhaltlich eine Präferenz der Hilfeleistung („Hilf vor allem") vor der Anzahl der Hilfeleistenden („Hilf von allen") gesetzt. Das lyrische Ich nimmt sich selbst in die Gruppe derjenigen, die möglicherweise verurteilen („Doch sie war nicht, wie andre Mütter sind, obschon –/Es liegt kein Grund vor, dass ich sie verhöhne", 5,7 f.), obwohl alle Menschen im Grunde gleich sind und Hilfe brauchen („damit man sieht, wie ich bin und du bist", 6,4; „alle Kreatur braucht Hilf von allen"; jeweils letzte Zeile jeder Strophe bis auf Variation in Strophe acht). Formal auffällig ist außerdem die Wiederholung der ersten Zeile in der ersten und letzten Strophe. Die darauffolgenden Zeilen in Strophe neun heben durch den Kontrast (geboren gestorben) die Jugend und Hilflosigkeit der Betroffenen besonders hervor und geben dem Gedicht einen Rahmen.

Form und Gestaltung, Textsorten

Obwohl der Text als Gedicht gestaltet ist, hat er sehr viele epische Elemente. Es fehlen viele sekundäre Merkmale von Lyrik, auch wenn die Struktur und die Endreime (unreiner Kreuzreim mit Paarreim nach dem Reimschema ababcded ff) eindeutige Hinweise auf diese Textgattung sind. Gleichzeitig ist die Sprache episch, in Prosa. Viele Enjambements, zum Teil unterhalb der Worteinheit („Übel-/keit", 6,5 f.) prägen den Stil. Dennoch wird der Zeilenstil zur Betonung bestimmter Aussagen genutzt (z. B. 9,8/5,7). Die Wiedergabe der Geschehnisse ist zeitlich nach der Aburteilung des Mädchens unter Berufung auf ihre Zeugenaussage anzusetzen. Das gibt dem Text einen dokumentarischen Anstrich. Immer wieder wird die Authentizität betont durch Angabe der Quelle („sagt sie“, 2,1/2,7/4,1/5,5/7,1/7,5/8,1/8,5 und ähnliche Aussagen) und den Gebrauch der indirekten Rede. Zweifel an der Glaubwürdigkeit der Aussage („will“, 1,3; „angeblich“, 1,8; „scheinbar“, 3,1) werden durch die Beteuerung der Vollständigkeit (6,2 f.) und die Detailfülle ausgeräumt. Auf diese Weise entsteht ein Text, der zwischen Fiktionalität und Sachtext changiert, die Gattungsgrenzen zwischen Lyrik und Epik überschreitet und Merkmale von Ballade, Bänkelsang, Moritat, Gedicht, Zeugenaussage, sogar dramatische Elemente beinhaltet. Die Ereignisse werden chronologisch vom Beginn der Schwangerschaft bis zum Tod der jungen Frau wiedergegeben, wobei eindeutig der Schwerpunkt auf dem Tag und den Umständen der Geburt liegt.

Gründe für die Tötung des Kindes

Die Umstände, die zur Tötung des Neugeborenen führen, sind folgende:
Eingangs wird die Jugend der Angeklagten betont und zwar in juristischer und körperlicher Hinsicht. Sie war sowohl „unmündig“ (1,2) als auch nicht ausgewachsen (2,7).
In dieser Situation trifft sie die fehlende Unterstützung durch Eltern – sie ist „Waise“ (1,2) – besonders hart. Auch die Religion bietet keine Hilfestellung (2,8; 3,1). Es gibt offenbar keine Vertrauten oder Freunde, vom Vater des Kindes ist nicht die Rede.
Ein dritter Gesichtspunkt ist die ständige Angst. Diese ist bedingt durch die Illegalität des Schwangerschaftsabbruches, der misslingt (1,5 ff.). Dazu kommen die religiösen Skrupel (3,4; 9,8), eine Sünde begangen zu haben, und das Wissen um den Verstoß gegen bürgerliche Normen (3,5 ff.).
Dadurch ist die lange Zeit der Schwangerschaft geprägt durch den Versuch der Geheimhaltung, durch Abtreibungsversuche (1,5 ff.; 2,1 ff.), Schmerzen, finanziellem Aufwand (2,1) und durch Furcht vor Entdeckung. Alle Lösungsansätze schlagen fehl, sie ist immer allein und ohne Hilfe.
Zu den unmittelbaren Umständen, die am Tag der Geburt ausschlaggebend sind, gehört erst einmal die Unwissenheit, in der sich Marie Farrar befindet. Sie weiß weder Bescheid über die biologische Vorgänge (4,6) noch hat sie einen Plan für die unmittelbare oder weitere Zukunft (6,7). Dazu kommt die Verwirrung, in der sie sich befindet. Die Schmerzen der Wehen (Strophe 4) und der Geburt, gepaart mit Müdigkeit, Unsicherheit und Trostlosigkeit rauben ihr den Verstand. Die Geburt erfolgt in Eiseskälte (7,7 f.) und an einem höchst unwürdigen Ort („Gesindeabort“, 7,8). Als letzter auslösender Faktor für die Tat gibt die Angeklagte die Schreie des Neugeborenen an. Hier spielt die Angst vor Entdeckung sicher wieder eine Rolle. So geschieht die Tötung im Affekt, ohne Kalkül oder klarem Nachdenken über die Handlungsweise, sondern nur mit dem Ziel der Beendigung der Schreie. Dies wird durch die Ausdrücke „blind“ (8,4) und „ohne Aufhörn“ (8,4) vermittelt.

Ziel

Das klar ausgesprochene Ziel des Gedichtes ist die Bitte um Hilfe und Mitleid für die Betroffenen anstelle von Zorn, Verachtung und Hohn.

Dieses Ziel wird verfolgt, indem über die Umstände der Geburt aufgeklärt und über die entwürdigende Situation in allen Details unterrichtet wird. Durch eine genaue Schilderung des Milieus (harte Arbeit, Wohnsituation, rechtlicher Status, moralische Anforderungen, finanzielle Situation, gesundheitliche Probleme) wird auf die Abhängigkeit des Individuums von seinem Stand und die dadurch bedingten Möglichkeiten hingewiesen. Hier ist eine Vertreterin des vierten Standes den Anforderungen nicht gewachsen, während demgegenüber die reichen Bürgerlichen trotz sehr viel besserer Bedingungen sich zu einem Urteil über die anderen befugt sehen. An dieser Stelle setzt das lyrische Ich an und verweist auf die Gleichheit aller „Kreatur" und auf die Notwendigkeit zur Hilfeleistung unter allen Umständen (8,10).

epochale Zuordnung, soziale Frage

Das Gedicht von Brecht nimmt die Schwerpunkte des Naturalismus und der Folgezeit auf. Hier wird eindeutig der Blick auf die sozialen Gegebenheiten gelenkt. Der Mensch wird als abhängig von Milieu und Stand gekennzeichnet, die Genauigkeit der Schilderung erinnert im Ansatz an den Sekundenstil des Naturalismus. Auch die formale Vermischung von Lyrik und Epik gehört in diese Zeit. Wie häufig im sozialen Drama und in der naturalistischen Dichtung, aus der Tradition des bürgerlichen Trauerspiels kommend, wird eine junge Frau gezeigt, die mit den Folgen der unehelichen Schwangerschaft überfordert ist. Sie ist das Opfer körperlicher Gegebenheiten (sie fiel „in Versuchung", 3,8), Krankheit („rachitisch", 1,2) und ist den Anforderungen moralischer und gesellschaftlicher Art ausgesetzt. Fehlende Bildung und geringe finanzielle Mittel erhöhen den Druck. Kritisch wird auch die Kirche bzw. Religion in den Blick genommen. Die Darstellung erfolgt ohne Tabus und mit dem erkennbaren Ziel der Veränderung der sozialen Misere durch Einsicht in die Notlage unterprivilegierter Personen, besonders der Frauen. Die Tötung von Kindern wurde sowohl in Hauptmanns *Die Ratten* als auch in Horváths *Geschichten aus dem Wiener Wald* thematisiert.

Methodische und inhaltliche Möglichkeiten der Aufgabenbewältigung

Methodik

zu Aufgabe 2

- Mindmap zur Sammlung der Ideen, basierend auf den Analyseergebnissen aus Aufgabe 1
- Vergegenwärtigung der Zeit:
  - Verknüpfungen mit sozialen Ideen und naturalistischen Ansätzen
  - Problem der ledigen Mütter
  - Kindermörderinnen-Thematik
  - Rolle der Frau
  - gesellschaftlicher Stand Maries
- Adressat (Geschworene)

- Intention (angestrebtes Urteil, Erzeugung von Mitgefühl und Nachsicht)
- Textsorte: Rede
- Überzeugungskraft der Argumente
- Sprache und Stil der Zeit anpassen
- sich in die Figuren hineinversetzen, eigene Rolle finden

Im zweiten Teil, dem Reflexionsteil, darauf achten, dass
- Sach- und Fachkenntnisse zur Zeit, zur Literatur, zu sozialen Problemen deutlich werden
- Sie ein klares Konzept haben

Da es sich um eine kreative Aufgabe handelt, ist die Ausgestaltung jedem Einzelnen überlassen und individuell verschieden.
Neben den in Aufgabe 1 gesammelten Ergebnissen können Informationen zur bürgerlichen Lebenssphäre, zur Situation des vierten Standes, zur Rolle von Mann und Frau, Väter und Mütter etc. aus den erarbeiteten Dramen und Dokumenten genutzt werden.
Die geforderte Textsorte ist im ersten Teil ein Plädoyer, das Anrede, Einleitung, Hauptteil, Schlussplädoyer enthalten sollte. Dieser Text muss im zweiten Teil aus einer kritischen Distanz heraus bewertet und erläutert werden. Dieser Schritt erfordert ein nicht zu unterschätzendes Maß an Selbstreflexion und Abstand zum eigenen Tun.
Kriterien sind Fach- und Sachkenntnisse, Stimmigkeit und Überzeugungskraft des Textes, Genauigkeit der Aufnahme von Textsignalen, Einfühlungsvermögen in die Zeit und Situation. Dies wiederum bestimmt Stil und Sprache.

Lösungsmöglichkeit

zu Aufgabe 2

Auf eine vollständig ausgearbeitete Lösung wird verzichtet, da hier sehr unterschiedliche kreative Texte vorstellbar sind.

Übungsaufgabe 4: Textbezogene Erörterung

(ausgehend von einem pragmatischen Text)

Aufgabenstellung

Aufgabe

1. Stellen Sie dar, welche Gründe Horváth für die Änderung des Volkstheaters anführt.
2. Ordnen Sie Horváths Anliegen ein in die literarische Tradition der möglichst realistischen Schilderung der Welt und setzen Sie sich auseinander mit der Frage, inwieweit eine objektive Darstellung überhaupt möglich ist.

Text

Text

Ödön von Horváth über seinen Begriff vom Volksstück (Rundfunkinterview Horváths am 6. April 1932 im Bayerischen Rundfunk)

Ich gebrauche diese Bezeichnung „Volksstück“ nicht willkürlich, d. h. nicht einfach deshalb, weil meine Stücke mehr oder minder bayerisch oder österreichisch betonte Dialektstücke sind, sondern weil mir so etwas Ähnliches wie die Fortsetzung des alten Volksstückes vorschwebte. – Des alten Volksstückes, das für uns junge Menschen mehr oder minder natürlich auch nur noch einen historischen Wert bedeutet, denn die Gestalten dieser Volksstücke, also die Träger der Handlung, haben sich doch in den letzten zwei Jahrzehnten unglaublich verändert. – Sie werden mir nun vielleicht entgegenhalten, daß die sogenannten ewig-menschlichen Probleme des guten alten Volksstückes auch heute noch die Menschen bewegen. – Gewiß bewegen sie sie, aber anders. Es gibt eine ganze Anzahl ewig-menschlicher Probleme, über die unsere Großeltern geweint haben und über die wir heute lachen – oder umgekehrt. Will man also das alte Volksstück heute fortsetzen, so wird man natürlich heutige Menschen aus dem Volke – und zwar aus den maßgebenden, für unsere Zeit bezeichnenden Schichten des Volkes – auf die Bühne bringen. Also: Zu einem heutigen Volksstück gehören heutige Menschen, und mit dieser Feststellung gelangt man zu einem interessanten Resultat: Nämlich, will man als Autor wahrhaftig gestalten, so muß man der völligen Zersetzung der Dialekte durch den Bildungsjargon Rechnung tragen.

(...)

Und um einen heutigen Menschen realistisch schildern zu können, muß ich ihn also dementsprechend reden lassen. Nun habe ich zu meinen Gestalten, wie aber natürlich auch zu jeder Handlung in puncto ihrer Möglichkeit, sich zu 100 % als soziale Wesen zu entwickeln und nicht nur zu etablieren, keine positive, eher eine skeptische Einstellung, und dies glaube ich damit am besten zu treffen, indem ich eine Synthese von Ernst und Ironie gebe. Aus dieser

Erkenntnis zog ich die Konsequenz. Mit vollem Bewußtsein zerstörte ich das alte Volksstück, formal und ethisch – und versuchte als dramatischer Chronist die neue Form des Volksstücks zu finden. –

(…)

Sie (die neue Form) knüpft formal mehr an die Tradition der Volkssänger und Volkskomiker an als an die Autoren der früheren Volksstücke –

(…)

Man wirft mir vor, ich sei zu derb, zu ekelhaft, zu unheimlich, zu zynisch und was es dergleichen noch an soliden, gediegenen Eigenschaften gibt – und man übersieht dabei, daß ich doch kein anderes Bestreben habe als die Welt zu schildern, wie sie halt leider ist. – Und daß das gute Prinzip auf der Welt den Ton angibt, wird man wohl kaum beweisen können – behaupten schon. – Der Widerwille eines Teils des Publikums beruht wohl darauf, daß dieser Teil sich in den Personen auf der Bühne selbst erkennt – und es gibt natürlich Menschen, die über sich selbst nicht lachen können – und besonders nicht über mehr oder minder bewußtes, höchst privates Triebleben.

(Aus: Ödön von Horváth: *Interview*. In: Ödön von Horváth: *Gesammelte Werke.* Kommentierte Werkausgabe in Einzelbänden, Band 11. Frankfurt am Main: Suhrkamp, 1988, S. 200 f. Horváth muss in alter Rechtschreibung zitiert werden.)

Erläuterung der Aufgabenstellung

zu Aufgabe 1

Hier soll kurz und mit eigenen Worten der Argumentationsgang wiedergegeben werden (Anforderungsbereich I). Es sollen weder Bewertungen noch über den Text hinausgehende Aussagen gemacht werden.

zu Aufgabe 2

Diese Aufgabe enthält Anforderungen der Bereiche II und III, ist also als höher gewichtet anzusehen. Der erste Teil der zweiten Aufgabe erfordert die Darlegung eines möglichst umfangreichen Wissens zur Frage der Wiedergabe von Welt. Hier werden epochale Kenntnisse und konkrete Texte als Beispiele eingebracht. Der zweite Teil hat eine wertende Stellungnahme zum Ziel. Die Frage ist hier, ob nicht jede Darstellung von Welt immer eine subjektive Sicht einnimmt. Auch die Frage des Abbildungsmediums (Sprache) spielt hier eine Rolle. In kritischer und differenzierter Argumentation sollte das Wissen eingebracht und Anliegen von Autoren kritisch beleuchtet werden.

Methodische und inhaltliche Möglichkeiten der Aufgabenbewältigung

Methodik

zu Aufgabe 1

Anliegen Horváths: Schilderung der Welt, wie sie ist

Daraus resultierende Konsequenz: Welt, Menschen und Einstellung zu bestimmten Problemen habe sich im Laufe der Jahre verändert, also müssen die Träger der dramatischen Handlung auch verändert werden.

Charakteristika der Gegenwart:
- Bildungsjargon zersetzt den Dialekt
- Menschen entwickeln sich nicht zu sozialen Wesen
- Menschen, insbesondere Theaterbesucher, können nicht über sich selbst lachen
- heutige Menschen begegnen Problemen anders als frühere Generationen

Schreibplan

Schreibplan

zu Aufgabe 1

Vorbereitung der Textwiedergabe

Einleitung	Interviewpartner, Thema des Gespräches
Intention Horváths	Schilderung der Welt, wie sie ist
Argumentation	Veränderungen (Welt, Menschen, Einstellungen, Probleme) Konsequenz hinsichtlich der Gestaltung der Dramenfiguren Begründung für das Volkstheater: • Zerstörung des Dialektes durch den Bildungsjargon • negative Entwicklung des Menschen als soziales Wesen • Umgang mit Ernst und Ironie
Ergebnis der Argumentation	Merkmale des neuen Volkstheaters: • formal: Synthese aus Ernst und Ironie • sprachlich: Dialekt • inhaltlich: schlechte Welt muss gezeigt werden Prognose der möglichen Reaktion auf dieses Volkstheater

Lösungsmöglichkeit

Lösung

zu Aufgabe 1

In dem Interview Cronauers mit Horváth (1932) äußert sich dieser zu seiner Schreibintention und zum Begriff des Volksstücks.
Horváth gibt an, vor allem „dramatischer Chronist" (Z. 28) zu sein. Er nennt als Hauptanliegen seines Schreibens, dass er „kein anderes Bestreben" habe, als die Welt realistisch zu schildern und aktuelle Zustände abzubilden (Z. 36 f.). Daraus ergibt sich konsequenterweise, dass die Träger der Handlung, „heutige Menschen aus dem Volke" (Z. 14), in ihren Charakteristika wahrgenommen und wiedergegeben werden müssen. Zwar räumt Horváth ein, dass es die „sogenannten ewig-menschlichen Probleme" (Z. 9) gäbe, allerdings habe sich der Mensch „unglaublich verändert" (Z. 8). Dies beträfe die Art der Probleme und den Umgang damit. Hier nun setzt die Begründung für die Änderung des Volkstheaters ein. Das neue Volkstheater, so wie es Horváth vorschwebt, nimmt vor allem zwei bemerkenswerte Tatsachen auf: Erstens die Wahrnehmung, dass der Dialekt durch den „Bildungsjargon" (Z. 19) völlig zersetzt werde und zweitens die Erkenntnis, dass der Mensch sich nicht zu einem positiven sozialen Wesen entwickle. Damit verbunden ist die Beobachtung, dass viele Menschen „über sich selbst nicht lachen können" (Z. 41) und viele triebgesteuert seien (vgl. Z. 42).
Daraufhin kommt Horváth zum Ergebnis, dass das neue Volkstheater formal eine „Synthese von Ernst und Ironie" (Z. 26) geben, sprachlich das Verhalten der Leute abbilden und inhaltlich eine eher schlechte Welt zeigen müsse (Z. 37 f.), die möglicherweise als „zu derb, zu ekelhaft, zu unheimlich, zu zynisch" (Z. 34) empfunden werde.

Methodische und inhaltliche Möglichkeiten der Aufgabenbewältigung

Methodik

zu Aufgabe 2

- realistische Darstellung der Welt in der Tradition des bürgerlichen Trauerspiels, über soziales Drama und Volksstück, Dokumentartheater
- Epochen: Sturm und Drang, Realismus, Naturalismus, Moderne, Literatur nach 1945
- Mögliche Beispiele : Wagner: *Die Kindermörderin,* Schiller: *Kabale und Liebe,* Büchner: *Woyzeck,* Hebbel: *Maria Magdalena,* Hauptmann: *Die Ratten; Vor Sonnenaufgang,* Horváth: *Geschichten aus dem Wiener Wald,* Kroetz: *Maria Magdalena; Stallerhof* u. a., Kipphardt: *Bruder Eichmann*
- Probleme aus der Wirklichkeit der aufgezeigten Welt: Ausbeutung und Unterdrückung der Bürgerlichen durch den Adel, fehlende Moral und Ethik der Adligen, Problem der Vergewaltigung, des Umgehens mit unehelichen Schwangerschaften, Rollenverteilungen, Prägung des Menschen durch sein Milieu, Gene und die Lebensumstände, Veränderungen der Normen, Notwendigkeit der Balance zwischen individuellem Bestreben und Anpassung an die Gesell-

schaft, Not des vierten Standes in der Zeit der Industrialisierung, soziale Probleme, politische und wirtschaftliche Bedingungen und ihre Konsequenzen, Isolation der Menschen, Egoismus und fehlende Verantwortung füreinander, Schuld und Verantwortung für eigenes Handeln, Umgang mit gegenwärtigen und historischen Problemen etc.
- **Form:** Gestaltung der Sprache in Prosa, Abbildung von Milieu und Schichtenzugehörigkeit sowie Individualität durch Sprache, Verwendung von Dialekt und Bildungsjargon, Abkehr von idealistischer Darstellung, Helden, deren gesellschaftliche Herkunft Grundlage der Handlung ist, Aufnahme tabuisierter Themen ins Drama, Sekundenstil, Übernahme von Dokumenten ins Drama, Collagetechnik

Frage: Ist eine realistische Darstellung der Welt überhaupt möglich?
- Realismus, Konzepte von Wirklichkeit, Frage der Objektivität
- idealistische versus realistische Darstellung, Gründe dafür und dagegen
- Voreingenommenheit des Blicks, Schwerpunkt auf bestimmten Aspekten der Wirklichkeit, siehe Horváths pessimistische Grundhaltung („Welt, wie sie halt leider ist“, Z. 37)/Konzentration der Naturalisten auf Krankheit, Triebhaftigkeit, Not, schwierige Lebensumstände etc.
- Verlust von Wirklichkeit durch Übertragung in Literatur (siehe Formel der Naturalisten: Kunst = Natur – X)
- postmoderne Betonung der Subjektivität der Sichtweise, Verlust des Glaubens an eine darstellbare Welt und Wirklichkeit
- Ausschnittcharakter der Darstellungen und Darstellungsmöglichkeiten
- Frage nach der Intention von Literatur, Frage nach der Wirkung von Drama, Einfluss auf die Realität

Die oben gemachten Stichworte könnten der Vorbereitung der Erörterung dienen.
Kriterien:
- klare Strukur, Einleitung, Hauptteil, Fazit
- logische Verknüpfungen
- sichere Anwendung fachlicher Terminologie
- viel konkretes Wissen funktional eingesetzt
- Aspektreichtum
- Überzeugungskraft der Argumente

Übungsaufgabe 5: Textbezogene Erörterung
(ausgehend von einem pragmatischen Text)

Aufgabenstellung

Aufgabe

1. Geben Sie die Position Kroetz' zur Nützlichkeit des Theaters für das Volk wieder.
2. Nehmen Sie kritisch Stellung zur Frage der Möglichkeiten des Theaters bei der Lösung sozialer Probleme.

Text

Text

Franz Xaver Kroetz
Braucht das Volk ein Theater? (1972)

(…) Das Theater für das Volk sitzt weiterhin zwischen zwei Stühlen: Entweder es hat die Massen, dann funktioniert es gegen die Interessen derselben, oder es hat sie nicht, dann funktioniert es, auch wenn es auf dem richtigen Dampfer ist, bloß als Insider-Scherz der Intellektuellen, die zum Wohlfühlen und zur Werbung halt einen Renommierproleten brauchen, privat oder im Job. Man muss sich damit abfinden: Theater an sich ist nun mal eine Spezies derer, die es sich leisten können, sowohl finanziell als auch sozial. Und das sind die, die das Geld haben und damit die Erziehung, die Ausbildung, die guten Posten. Schließlich das Abstraktionsvermögen. Und nur über die Abstraktion ist es möglich, von Dingen, die einem auf der Bühne vorgemacht werden, auf Nicht-Vorgemachtes zu schließen, von auf der Bühne Gezeigtem auf in der persönlichen Umgebung sich Zeigendes zu schließen. Weiter: Theater an sich hat eine verniedlichende Komponente, die sich zuerst einmal auf alles überträgt, was mit den Mitteln des Theaters dargestellt wird. Ganz gleich, ob es sich um ein Stück handelt über die außerehelichen Beziehungen eines Bankdirektors oder den Vietnamkrieg.

Auf der Bühne wird niemand wirklich gefickt oder gefoltert.

Stellt man solche Vorgänge oder ähnliche doch dar, beraubt man sich der Authentizität und macht sie erst einmal genießbar. Und die bewusste Rückkoppelung von Dargestelltem auf Wirkliches kann das Gegenteil der Aktivität erzeugen. Gleichgültigkeit: „Na, so schlimm wird es in Wirklichkeit schon nicht sein." Die täglich zu bewältigende Realität der Arbeiterwelt bewirkt, dass den Werktätigen die Realität von Modellen (also das Theater) kaltlässt. Recht hat er. Verführt man ihn dennoch zum Theater, kann es schlimm werden. Ein gewisses Maß an Vereinsamung genügt, um sich ohne viel Mühe den Samen abzuschlagen. Und eine ganz miese Situation führt entweder dazu, dass man sich erschießt oder den Kopf senkt und duldet. Zu viele westdeutsche Arbeiter haben sich für das letztere entschieden.

Trifft nun dieses Maß an Lethargie mit ‚aufrüttelndem' Theater zusammen, so kann daraus ein Bumerangeffekt werden. Spielt das Theater Veränderungen zugunsten der Werktätigen vor, können diese das als so ausreichend und entspannend empfinden, dass sie in der Folge gleich noch die nächste Betriebsversammlung schwänzen.

So kann der furchtlose Kampf auf dem Theater um soziale Gerechtigkeit sehr wohl eine paralysierende statt einer revolutionierenden Wirkung haben. Dieser Effekt kann umso leichter eintreten, je theaterungewohnter der Betrachter ist, oder, das andere Extrem, je mehr er das Theater als gesellschaftliche Routinearbeit betrachtet.

Allgemein lässt sich sagen: Trifft inhaltlich sozialrevolutionäres Theater auf eine revolutionäre Situation in der Gesellschaft, kann es die revolutionäre Situation anheizen. Trifft es auf keine revolutionäre Situation, dient es zumeist bloß als Ersatzbefriedigung berechtigter Forderungen. Das Theater ist die herrlichste Sache der Welt, um etwas darzustellen, das passiert ist, um Dinge darzustellen, die passieren müssten, dazu taugt es wenig und kann mehr Schaden anrichten, als es nützt.

Das Arbeitertheater krankt demnach tatsächlich an den Mitteln des Theaters, die logischerweise ihrerseits die des Volkstheaters sein müssten. Gerade aber Volkstheater lässt sich in seiner Wirkung schwer so definieren, dass unter dem Strich mehr herauskommt als Spekulation.

Fest muss aber stehen: Es ist schädlich und unsinnig, den Werktätigen in die Theatergemeinschaft der Bourgeoisie hineinzuschleusen. Wir haben keine Theater, in denen er sich wohlfühlen kann, und keine Stücke, die ihm nützen können. (...)

(Aus: Franz Xaver Kroetz: *Weitere Aussichten ...: ein Lesebuch. Texte für Filme, Hörspiele, Stücke, DDR-Report, Aufsätze, Interviews.* Köln: Kiepenheuer und Witsch, 1976, S. 576 ff.)

Erläuterung der Aufgabenstellung

zu Aufgabe 1

Textwiedergabe entspricht dem Anforderungsbereich I (geringer gewichtet als Aufgabe 2) und bedingt folgende Gesichtspunkte:

- Kernaussagen und Argumentation in eigenen Worten wiedergeben
- Berücksichtigung von Form und Sprache im Ansatz
- gegebenenfalls Textbelege einfügen
- auf klare Struktur achten
- nicht über den Text hinausgehen
- keine eigene Meinung
- auf korrekte Verwendung der indirekten Rede achten

zu Aufgabe 2

Diese Aufgabe ist als höher gewichtet anzusehen als Aufgabe 1 (Anforderungsbereiche II und III).

Voraussetzung:

- das Verständnis der Position und der Entwicklung der Argumente von Aufgabe 1
- kritisches Eingehen auf die Position Kroetz', wertende und argumentativ abwägende Auseinandersetzung mit dem Text
- Erkennen des Allgemeinheitsgrads der Fragestellung (nicht nur soziales Drama, sondern Theater allgemein, Art der sozialen Probleme ist nicht spezifiziert), Funktion von Theater aber konkret ausgerichtet auf die Lösung sozialer Probleme
- differenzierte und fundierte, über den Text hinausgehende Entwicklung der Fragestellung und Einbeziehung des im Unterricht erworbenen Wissens
- Finden einer klaren Argumentationsstruktur, sinnvolle und sprachlich adäquate Verknüpfung der Argumente
- Entwicklung eines eigenen Standpunktes

Methodische und inhaltliche Möglichkeiten der Aufgabenbewältigung

Methodik

zu Aufgabe 1

Anfang:	Dilemma: Theaterbesuch der Massen = gegen das Interesse derselben Bedeutungslosigkeit des Theaters ohne die Massen
Argumentation:	– Theater ist die Domäne der finanziell und sozial hoch gestellten Menschen – Diese verfügen über Geld, Bildung und Abstraktionsvermögen – Abstraktionsvermögen ist notwendige Voraussetzung für das Verständnis von Theateraufführungen – weitere Prämisse: Theater verniedlicht, verharmlost, verführt zu Passivität – Werktätige ohne Abstraktionsvermögen, damit ohne Interesse an Modelle für die Realität (= Theater), da genügend Realität der Arbeitswelt – möglicherweise eher gegenteiliger Effekt: Lethargie statt revolutionärer Geist – revolutionäres Theater nur im revolutionären Kontext möglich – Theater taugt nicht zum Aufzeigen von notwendigen Veränderungen
Fazit (am Schluss):	– Arbeiter fühlen sich in der Theatergemeinschaft der Bourgeoisie unwohl – Theater nützt den „Werktätigen" nicht

wichtig:
- Textbelege nur als prägnante Verweise einsetzen
- eigene Wortwahl, nicht Textstellen aneinanderreihen
- Aussagen logisch richtig verknüpfen
- keine Bewertung, nicht in Ich-Form formulieren, neutrale Wiedergabe der Aussage
- Grundtempus: Präsens
- Übernahme der Gedankengänge kenntlich machen, Konjunktiv verwenden

S
Schreibplan

Schreibplan

zu Aufgabe 1

Vorbereitung der Textwiedergabe

Einleitung	Autor, Titel des Textes, Thema/Hauptaussage
Hauptteil, Wiedergabe der Argumentation	• Dilemma: Theater als Domäne der finanziell und sozial Höhergestellten • verharmlosende und verniedlichende Tendenz des Theaters • Volk ohne Abstraktionsvermögen und ohne Interesse an Modellen • mögliche kontraproduktive Wirkung des Theaters • Eignung des Theaters zur Darstellung von Gegebenheiten, nicht von Alternativen und Veränderungsmöglichkeiten
Fazit	Theater fürs Volk ohne Nutzen

L
Lösung

Lösungsmöglichkeit

zu Aufgabe 1

Angabe von Autor, Titel, Fundort, Thema, bzw. Fazit

Die Frage, ob das „Volk ein Theater" (siehe Titel) braucht, beantwortet Franz Xaver Kroetz in seinem Text aus dem Jahre 1972 eindeutig negativ. Der Ausschnitt endet mit der Erkenntnis, dass es weder Theater noch Theaterstücke gäbe, die dem „Werktätigen" behagen oder nützen (vgl. Z. 23).

Wiedergabe der Argumente und Gedanken in eigenen Worten, der Chronologie des Textes folgend)

Zu Beginn des Artikels zeigt Kroetz das Dilemma auf, in dem sich das Theater seiner Meinung nach befindet: Wenn das Theater

die Massen habe, sei es gegen die Interessen derselben, habe es sie nicht, besuchten also nur wenige dem Volk angehörige Menschen das Theater, diene dies nur den „Intellektuellen“ (Z. 4) als Alibi und zum Vorzeigen. Das Theater sei – so Kroetz – nun mal die Domäne der finanziell und sozial hochgestellten Menschen, da diese im Besitz von Geld, Erziehung, Ausbildung und Arbeitsplätzen seien. Dies ermögliche ihnen, das nötige Abstraktionsvermögen zu entwickeln, das erforderlich sei, um im Theater Rückschlüsse auf die Realität vorzunehmen, Theater setze also Abstraktionsvermögen voraus.
Eine zweite Eigenschaft des Theaters sei es, zu verharmlosen und zu verniedlichen (vgl. Z. 13). Auch drastische Vorgänge seien lediglich vorgeführt, nicht echt. Damit seien diese überhaupt erst einmal „genießbar“ (Z. 19), gleichzeitig führte dies zur Verharmlosung und möglicherweise zur Passivität der Zuschauer, da man sich einreden könne, dass die Wirklichkeit schon nicht so schlimm sei (vgl. Z. 19 f.).
Den Werktätigen, so argumentiert Kroetz, fehle einerseits das Abstraktionsvermögen und das Interesse an Modellen, weil die „täglich zu bewältigende Realität der Arbeiterwelt“ (Z. 22) fordernd genug sei. Passivität und Lethargie durch Theaterbesuche bei den Werktätigen zu erzeugen sei andererseits schlimm und kontraproduktiv. Dieser „paralysierende“ (Z. 35) Effekt könne aber eintreten, wenn die auf dem Theater vorgespielten Veränderungen als ausreichend empfunden werden und weitere praktische und politische Aktivitäten verhindern.

Fazit, Ergebnis der Argumentation

Revolutionäres Theater kann Kroetz zufolge nur im revolutionären Kontext wirken. Das Theater dient seiner Meinung nach eher nicht zum Aufzeigen von Veränderungen und Alternativen, sondern lediglich zur Darstellung dessen, was „passiert ist“ (Z. 43). Deshalb sei der Nutzen von Volkstheater eher fragwürdig, also„Spekulation“ (Z. 49). Kroetz schließt diesen Auszug mit der Behauptung, dass weder die Theater noch die „Theatergemeinschaft der Bourgeoisie“ (Z. 51) noch die Theaterstücke für das Volk von Nutzen sein können.

Methodische und inhaltliche Möglichkeiten der Aufgabenbewältigung

Methodik

zu Aufgabe 2

Eine Möglichkeit des Umgehens mit der Aufgabe könnte folgendermaßen aussehen:

a) Die Ermittlung der Position des Autors (siehe Aufgabe 1) zur Frage der Möglichkeiten des Theaters, zur Lösung sozialer Probleme beizutragen, ist sehr eingeschränkt, da im Textausschnitt erstens keine Lösungswege oder Zukunftsvorstellungen für das Theater überzeugend aufgezeigt werden und zweitens eher Passivität als revolutionäre Stimmung erzeugt wird.

b) Erörterung und kritische Stellungnahme zur Frage der Möglichkeiten des Theaters, zur Lösung sozialer Probleme beizutragen

Aufzeigen als ersten Schritt zur Erkenntnis, erst dann Lösung möglich/ Änderung sozialer Missstände muss in der Regel durch die sozial und finanzielle besser Gestellten erfolgen; diese sind (m. E.) die regelmäßigen Theaterbesucher

Epochenkenntnisse zum sozialen Drama, bürgerlichen Trauerspiel, Volkstück etc. einbringen

diese Dramen bringen Missstände auf die Bühne, rücken sie so ins Blickfeld, schärfen die Wahrnehmung derselben in der Realität;
Reaktion auf die Dramen (z. B. Empörung im Naturalismus) zeigt, dass etwas ausgelöst wurde, punktuelle Beseitigung sozialer Missstände im Laufe der Geschichte erkennbar, literarische Beispiele nehmen reale Entwicklung auf, Frage der Auslösefunktion von Literatur, Volkstheater im Horváth'schen Sinne nicht nur platt und unterhaltend, sondern ausdrücklich kritisch und reflektierend, Bemühen um Aktualität („heutige Menschen aus dem Volke"[10]) und Darstellung sowohl akuter als auch „ewigmenschlicher Probleme"[11]

Rückbezug zu Kroetz' Text

richtig: Zeit muss reif sein, Modell muss auf Realität übertragen werden, nach wie vor fraglich, inwieweit dieser Schritt tatsächlich erfolgt, welchen Anteil das „Volk" daran hat und haben kann; ebenso richtig: Wirkung des Theaters schwer einschätzbar, viel Spekulation

c) Stellungnahme, Lösung

Beseitigung von sozialen Missständen nicht nur literarische Angelegenheit, sondern realistische Umsetzung (d. h. Gesetzgebung, Bereitstellung von Geldern und anderen Hilfen, Umstrukturierung etc.) vor allem politische und gesellschaftliche Angelegenheit, Lösungswille muss vorhanden sein, dieser kann durch Aufklärung und Bildung erzeugt werden, hier Funktion aller Medien

Theater als Beitrag zur Aufdeckung von Problemen, Einleitung von Maßnahmen möglicherweise als Folge eines Bündels von Beiträgen, die das jeweilige Problem in die Öffentlichkeit bringen

Wichtig:

- inhaltliche Ausgestaltung ist nicht festgelegt, auch die hier gezeigten Gedankengänge sind nur als ein mögliches Beispiel von vielen Ansätzen zu verstehen
- einerseits Rückbezug auf die Textvorgabe, andererseits weit darüber hinausgehendes Wissen einbeziehen
- konkretes fachliches und literarisches Wissen einsetzen, insbesondere im Zusammenhang mit den Schwerpunkttexten
- Fachwortschatz verwenden
- klarer Textaufbau nötig (linear, dialektisch oder antithetisch)

10 Horváth in einem Interview zum Volksstück, siehe S. 54 des vorliegenden Bandes.
11 ebd.

- Argumente sinnvoll ordnen (nach Wichtigkeit, Zugehörigkeit) und sprachlich logisch verknüpfen
- stilistisch: Wiederholungen vermeiden, Gewichtung der Argumente und Gliederung sprachlich deutlich machen
- bei der Argumentation möglichst sachlich bleiben, auf Überzeugungskraft achten, am Ende dagegen persönliche Haltung deutlich machen

Schreibplan

S Schreibplan

zu Aufgabe 2

Vorbereitung der Textwiedergabe

Einleitung	Position des Textes zur Fragestellung, Kroetz' Einstellung zum Theater
Hauptteil: Entwicklung der Argumentation und kritische Erörterung	Gegenargument: mittelbare Nützlichkeit des Theaters durch andere gesellschaftliche Gruppen aufklärende Funktion des Dramas Beispiele aus der Literatur (Schwerpunkt bürgerliches Trauerspiel und Volksstück): • Wagner, *Die Kindermörderin* • Schiller, *Kabale und Liebe* • Lenz, *Die Soldaten* • Hauptmann, *Die Ratten* • Horváth, *Geschichten aus dem Wiener Wald* • Kroetz, *Stallerhof* • konkrete Beispiele für aufklärendes und auf Änderung der Missstände abzielendes Theater
Fazit	Funktion aller Medien, inklusive des Theaters, bei der Aufklärung und dem Versuch der Beseitigung von Missständen Zusammenwirken von Politik und Gesellschaft

Lösungsmöglichkeit

L Lösung

zu Aufgabe 2

Lösungsansätze:

Position des Textes zur Frage

Wenn man von Kroetz' Haltung hinsichtlich der Frage, welche Möglichkeiten das Theater bei der Lösung sozialer Probleme hat, ausgeht, wird man mit einer eindeutig negativen Haltung konfrontiert. Kroetz zeigt sich in seinem Artikel außerordentlich skeptisch. Für ihn ist das Theater zwar die „herrlichste Sache der Welt" (Z. 43), allerdings zeige es in der Regel keine Lösungswege auf und habe eine eher „paralysierende statt einer revolutionierenden Wirkung" (Z. 35).

kritische Erörterung der Fragestellung

Gleichzeitig nimmt Kroetz für das Theater in Anspruch, dass es tatsächliche Gegebenheiten aufzeigen und darstellen kann. Dazu gehören auch soziale Missstände und Probleme. Nun ist sicherlich klar, dass eine Lösung von Problemen erst einmal auf der Grundlage einer Bestandaufnahme und Darstellung derselben angegangen werden kann. Hier setzt also die Funktion des Theaters ein. Offensichtlich ist ebenso, dass eine aktive Veränderung der Lage nicht ohne die „Spezies derer, die es sich leisten können, sowohl finanziell als auch sozial" (Z. 7), geht. Diese von Kroetz als „Theatergemeinschaft der Bourgeoisie" (Z. 51) gekennzeichneten Menschen sind nämlich diejenigen, die über Ausbildung, Abstraktionsvermögen und entsprechende Posten verfügen. Veränderungen können nicht nur von einer sozialen Gruppe allein vorgenommen werden, sie sind in der Regel durch die Gesellschaft als Ganzes bestimmt. Wenn also Kroetz den Nutzen von Theater für das Volk als Theaterbesucher negiert, kann es dennoch dem Volk nützlich sein, indem andere Gruppierungen durch das Theater Erkenntnisse gewinnen.
Die literarische Tradition der Dramen, die sich mit sozialen Missständen beschäftigen, angefangen vom bürgerlichen Trauerspiel über das soziale Drama und bis hin zum Volksstück, hat gezeigt, dass das Theater sehr wohl aufklärende und darstellende Funktion haben kann. So hat das erstarkende Selbstbewusstsein der Bürgerlichen seinen Niederschlag gefunden im bürgerlichen Trauerspiel des Sturm und Drang. Der Zweifel an der Gottgegebenheit der Ständeunterschiede und die zunehmend fehlende Bereitschaft, durch den Adel verursachtes Unrecht zu ertragen, wurde durch das bürgerliche Trauerspiel an eine größere Öffentlichkeit weitergegeben. Man denke an die Klagen über den Verkauf der Landeskinder zur Finanzierung der Geschenke für die Mätresse in Schillers *Kabale und Liebe*, an die Verführung einer Bürgerlichen in Wagners *Kindermörderin* oder an das skandalöse Verhalten der Adligen in Lenz' *Die Soldaten*. Diese Dramen sind mit dem ausdrücklichen Ziel der Beseitigung der Abhängigkeit, der Ausbeutung und der Leichtgläubigkeit der Bürgerlichen geschrieben worden. Sie sollten Missstände aufzeigen, wahre Tugendhaftigkeit lehren, aber auch um Verständnis für die der Intrige (Schiller) und der Verführung ausgesetzten Bürgerstöchter (Lenz, Wagner) werben. Sie sollten didaktisch und belehrend wirken. Wenn der Naturalismus den vierten Stand der Arbeiter und sozial Schwächsten in den Blick nimmt, wird dieses Ziel unter anderen Bedingungen fortgesetzt. Das Aufzeigen der Not und der Voraussetzungen, die zu Verbrechen, Elend und Verzweiflung führen, hilft bis in die heutige Zeit, die Betroffenen – Täter wie auch Opfer – zu verstehen und Hilfeleistung anzubieten. Auch wenn in Hauptmanns *Die Ratten* kein klarer „Zukunftsentwurf" zu finden ist, wird dennoch auf eine Veränderung der krisenhaften Situation hingearbeitet. Dies zeigt die Anstrengung des Theaters, bei der Beseitigung von Missständen mitzuwirken. In Hauptmanns Tra-

gikomödie lassen die zermürbende Realität und die Lebensbedingungen in dem Großstadthaus keinen Platz für Hoffnungen und individuelle Gestaltung der Zukunft. Frau Johns Versuch, in ein kleinbürgerliches Milieu aufzusteigen und eine Familie mit Mann und Kind zu haben, scheitert und endet mit ihrem Selbstmord, ihr Bruder Bruno Mechelke bleibt brutal und bringt das verführte Dienstmädchen Pauline Piperkarcka um, das Kind hat am Ende keine Mutter. Erich Spitta aber als Vertreter der naturalistischen Gedankengänge macht deutlich, dass die tragische Entwicklung der Personen aus der Unterschicht bestimmten Gesetzmäßigkeiten unterliegt und vor allem wichtig und ernst zu nehmen ist. Das soziale Drama, das die Frauenfrage, die Sprachlosigkeit, die Verhaftung in unsinnigen Normen und Floskeln, die Gleichgültigkeit hinsichtlich des Schicksals des anderen und das gegenseitige Ausnutzen in den Blick nimmt, führt dieses Anliegen weiter. Dabei wird mit dem Volksstück wie in Horváths *Geschichten aus dem Wiener Wald* auf parodistische Weise mit den eben genannten Problemen umgegangen. Auch seine Figuren, vor allem die Frauen, werden zu Opfern, werden um ihre Gefühle und Zukunftsaussichten betrogen. Kroetz führt mit seinen Volksstücken Horváths Vorgehensweise in den 70er Jahren des 20. Jahrhunderts fort. Schon diese literarische Tradition zeigt, dass sich das Theater seiner Verantwortung im Hinblick auf soziale Brennpunkte immer bewusst war und auch eine Wirkungsmöglichkeit angenommen wurde.
Sicherlich ist richtig, dass Literatur allein nicht ausreicht. Man muss Kroetz zustimmen, wenn er davon spricht, dass die Zeit reif sein muss. Schließlich muss das „Modell" (vgl. Z. 23) auf die Realität übertragen werden. Es ist nach wie vor fraglich, inwieweit dieser Schritt tatsächlich vollzogen und der nächste Schritt der Veränderung getan wird. Ebenso fraglich ist, welchen Anteil das „Volk" daran hat und haben kann. So muss man Kroetz auch zustimmen, wenn er davon spricht, dass die Wirkung des Theaters schwer einschätzbar ist, also viel Spekulation bleibt.

Fazit

Dennoch bleibt abschließend die Hoffnung, dass im Theater Aufklärung und Bildung geschieht. Die Beseitigung sozialer Missstände ist allerdings nicht nur eine literarische Angelegenheit, sondern erfordert in der Realität das Zusammenwirken von Politik und Gesellschaft. Es müssen Gesetze erlassen, Gelder bereitgestellt, Strukturen der Hilfe geschaffen und gesellschaftliche Verantwortung erzeugt werden. Wenn das Theater dazu beitragen kann, durch die Aufdeckung von Problemen einen Lösungswillen zu erzeugen, hat es hier, wie alle anderen Medien, seine Funktion.

Literatur

Becker, Frank. *Deutsch – Literaturgeschichte, Epochen. AbiWissen kompakt.* Stuttgart: Klett, 2003

Bernhardt. Rüdiger. *Erläuterungen zu Gerhart Hauptmann: Die Ratten.* Königs Erläuterungen und Materialien Band 284. Hollfeld: Bange, 2007

Fenske, Ute (Hrsg.). *Deutsch Abi Prüfungstrainer.* Berlin: Cornelsen Scriptor, 2007

Gigl, Claus. *Abi-Lernbox Deutsch.* Stuttgart: Klett, 2007

Gigl, Claus. *Deutsch – Prosa, Drama, Lyrik. AbiWissen kompakt.* Stuttgart: Klett, 2007

Dr. Gladiator, Klaus. *Das schiefe Verhältnis des Komödienhelden zur Realität.* Stark Unterrichtsmaterialien, 9.1.1/29. Grundwerk der Loseblattsammlung 629. Freising: Stark Verlag, 1999

Hauptmann, Gerhart. *Die Ratten.* Stuttgart: Klett, 2007

Hein, Jürgen. *Franz Xaver Kroetz: Oberösterreich. Mensch Meier. Grundlagen und Gedanken zum Verständnis des Dramas.* Frankfurt am Main: Diesterweg, 1986

Klute, Wilfried. *Warum eine Abhandlung keine Story ist.* Gebrauchsformen der Sprache – Sprachbetrachtung. Deutsch. Unterrichts-Materialien für Lehrkräfte. Sekundarstufe II. Grundwerk der Loseblattsammlung 629. Freising: Stark 1999, 10.2.8

Krischel, Volker. *Erläuterungen zu Ödön von Horváth: Geschichten aus dem Wiener Wald.* Königs Erläuterungen und Materialien Band 467. Hollfeld: Bange, 2007

Krischke, Traugott (Hrsg.). *Materialien zu Ödön von Horváth.* Frankfurt am Main: Suhrkamp, 1970, S. 45 ff.

Krischke, Traugott (Hrsg.). *Ödön von Horváth: Geschichten aus dem Wiener Wald. Text und Kommentar. Suhrkamp BasisBibliothek.* Frankfurt am Main: Suhrkamp, 2001

Möckel, Magret. *Erläuterungen zu Friedrich Hebbel: Maria Magdalena.* Königs Erläuterungen und Materialien Band 176. Hollfeld: Bange, 2004

Möckel, Magret. *Erläuterungen zu Franz Xaver Kroetz: Maria Magdalena.* Königs Erläuterungen und Materialien Band 476. Hollfeld, Bange, 2008

Rothe, Wolfgang (Hrsg.). *Einakter des Naturalismus.* Stuttgart: Reclam, 1985

Schurf, Bernd und Wagener, Andrea (Hrsg.). *Texte, Themen und Strukturen. Abitur-Vorbereitung Deutsch: Arbeitsheft.* Berlin: Cornelsen, 2008